# 税務署員がやっている“ズルい”貯蓄術

元国税調査官　大村大次郎

ビジネス社

# はじめに

昨今のインフレやコロナ禍による不景気のため、世間のお金への関心はかつてないほど高まっています。お金のことを勉強し、節約術を施したり、投資などでお金を増やしたいという人も増えており、その類の本は書店にたくさん並んでいます。

しかしリスクをおかしたり、生活レベルを落として、お金を貯めようとしてもなかなか実行できるものではありません。

そこで「リスクをおかさず生活レベルを落とさずに貯金だけを増やす」ことをテーマにしたのが、この本です。

ところで筆者は元国税調査官です。

国税調査官というのは、ひらたく言えば税務署員です。

税務署員は日々、事業者や資産家の申告書を精査し、税務調査などを行っています。言ってみれば、「お金持ちの懐具合」を調べるのが仕事なわけです。

そうなると、必然的にお金持ちの貯蓄方法なども知ることになります。

また税務署員は前提条件として、税務や財務の知識が必要です。そのため、お金を増やすにはどうすればいいかということに関して非常に詳しくなるのです。

つまりは、お金に強くなるのです。

それは当然、自分の生活にも反映されます。

税務署員はサラリーマンであり公務員なので、給料はそれほど高くありません。

しかしながら、けっこう豊かな生活をしています。毎日のように飲み歩くような人も多いですが、若くして家を建て将来のための貯蓄もしっかり行っている人が多いのです。

おそらく他の同じくらいの年収のサラリーマンと比べれば、信じられないくらい豊かな経済生活をしているのです。

そういう税務署員のお金に関する裏ワザをご紹介しようというのが、この本の主旨です。

きっとあなたの経済生活にも役立つものだと自負しています。

## 第2章 なぜ税務署員は若くして家を買うのか？

第3章

# 税務署員は全力で節税する

## 第4章 税務署員の手堅い投資術

# 第5章 老後資金のズル賢い貯め方

# 第6章 生命保険、損害保険を使った財テク

# 第1章

# ズルい貯蓄のための5か条

## 税務署員の貯蓄のための5か条

この第1章では、税務署員のお金に対する心構えをご紹介したいと思います。

税務署員というのは、けっこう豊かな生活をしています。

若くして持ち家がある人が多いものです。40歳前後の税務署員の大半は、家を持っているといえます。普通のサラリーマンならば、なかなかそうはいかないはずです。

しかも税務署員は飲みに行くことが非常に多く、遊興費もけっこう使っています。

だからといって、決して税務署員の給料が高いわけではありません。税務署員の給料は、普通の国家公務員とほぼ同等です。中小企業もすべてひっくるめた一般サラリーマンの平均より少しいいくらいで、大手企業と比べれば、かなり悪いです。

だから税務署員だけが高い給料をもらって、それで蓄財しているわけではないのです。

では、どうやって蓄財しているのでしょうか?

仕事で身につけたお金に関する技術をフルに使っているのです。その技術を知るのと知らないのとでは、軽く1000万円以上の違いはあるはずです。

その技術をご紹介するのが、本書の主旨です。

もちろん普通のサラリーマンの方でも、すぐに始められるスキームが満載です。

といっても、難しい話ではありません。すぐに理解できて、気軽に始められる情報ばかりです。

税務署員の貯蓄にはある傾向があります。

筆者がそれを次の5つにまとめてみました。

1 現金、預金にこだわらない
2 リスクは避ける
3 無理はしない（生活レベルは落とさない）
4 節税こそもっとも安全で効率的な財テク
5 税金は払うものではなく使うもの

では、次項からこの5か条について順に説明していきましょう。

## 現金、預金にこだわらない

まずは1の「**現金、預金にこだわらない**」からご説明します。

税務署員の蓄財傾向として、「現金、預金にこだわらない」ことがあります。

よくサラリーマン向けの雑誌などでは「30歳までに1000万円貯金する」という特集が組まれたりします。

が、貯金の金額自体には、あまり意味がないと言えます。

そもそも、なぜ貯蓄するか考えてみてください。

貯蓄は、「生涯にわたって快適な生活のために」するはずです。

家を買うために貯金している人も煎《せん》じ詰めれば、快適な生活をしたい、家を買いたい、そのために貯金をしているはずです。老後に備えて貯金している人も同様です。老後に少しでも快適な生活をしたいから貯金しているはずです。

だから、快適な生活ができるだけの資産があればいいわけであり、貯金の金額自体には意味がないのです。

蓄財の方法は、現金や預貯金ばかりではありません。財は、いろんな方法で蓄えることができるのです。

逆に言えば、預貯金だけの蓄財は、非常に不合理で危険なものでもあります。

もちろん、お金は大事です。現金は、どんな支出にもすぐに対応できるものなので、これが多いに越したことはありません。

が、自分の限られた資産を預貯金だけに集中するのは、まったく効率的ではないのです。

まずリスクヘッジという点が挙げられます。

実は、お金の価値は変動します。昨今の日本は、インフレが続いていますので、お金の価値は下降していています。物価が上がれば、自分のお金で買える範囲が狭くなっていきますからね。

だから自分の資産の一部を、お金以外のもの、たとえば不動産などに変換しておいたほうが安全だともいえるのです。

そうすれば、デフレにもインフレにも対応できるのです。

それと、もう一つは税金の問題があります。

詳しくは後ほど述べますが、現金や預貯金の資産は、相続税が発生したときにもっとも不利なのです。不動産などには相続税の割引制度がありますが、現金や預貯金には一切の割引はなく、額面通りの課税がされるのです。

だから総合的に勘案して蓄財を預貯金のみで行うのは、賢い選択ではないのです。

## 老後の資金を「預貯金」で賄うのは難しい

老後の生活のために貯金している人は、けっこういると思われます。

が、老後の備えを預貯金だけで賄うのは、非常に難しいし、非効率です。

というのも、人は自分が何歳まで生きるかわかりません。

平均寿命までに皆、死ぬのなら、平均寿命までの生活費を用意していればいいでしょう。

しかし、そうではありませんよね？

平均寿命までに死ぬのは、全体の半分の人です。残りの半分の人は平均寿命よりも長く生きるのです。つまり、平均寿命よりも長く生きる可能性が50％もあるのです。

だから老後の資金を貯金で賄おうと思えば、相当な年数分を用意しなければならないでしょう。１００歳までの生活費を用意していても、もしかしたら足りないかもしれません。

では、どうすればいいか？

一つの方法としては、年金ですね。

年金は、何歳まで生きようと一定の額は必ずもらえます。だから、年金で生活費を賄えるようにしておけば、何歳まで生きようと経済的な不安はないわけです。

サラリーマンの場合、公的年金の掛け金を自分で増減することはできないので、「年金額は増やせない」と思っているかもしれません。が、自分で年金の額を増やす方法もあります（詳しくは後述）。

しっかり年金を充実させておけば、老後の憂いは相当減るはずです。これは、1億円の預貯金にも匹敵するといえるでしょう。

そしてもう一つは、家です。これも詳しくは後述しますが、持ち家があり、定年までにローンを払い終わっていれば、何歳まで生きようとわずかな住居費で済みます。人の生活費の中で、もっとも大きいのは住居費です。だから持ち家があるのとないのとでは、老後の生活に大きく影響していきます。

この二つの柱があれば、あとはそこそこ預貯金などがあるだけでやっていけるはずです。

## リスクは避ける

次に「税務署員の貯蓄のための5か条」の2番目の「**リスクは避ける**」についてご説明します。

「お金を貯めよう」と思ったとき、株式投資を思い浮かべた人もいるでしょう。書店に行けば、巷《ちまた》では「株で大儲けする方法」というような話が多数出回っています。その類の本が山のようにあります。

そういう本を見ると、自分も簡単に儲けられるような気持ちになってしまうものです。

しかし、冷静になって考えてください。

もし、そんな方法が本当にあるのなら、その作者は絶対に人に教えるはずはないし、本を書くまでもなく、投資生活に没頭しているはずです。本を書く労力を経ずとも、巨万の富を得られるはずです。そういう類の本は、絶対に信用しないことです。誰も責任をとってくれません。

株式などの投資で儲けることがいかに難しいかを示す、わかりやすい例を挙げましょう。

アメリカの投資家ジョージ・ソロスは、天才と言われ裸一貫から巨額の富を得ています。が、彼は、インサイダー取引で摘発された経歴があるのです。投資の天才とされているジョージ・ソロスでさえ、違法行為をしないと確実に儲けることはできないのです。

また証券会社などで働いているプロのトレーダーでも、5%の収益を上げることができればいいほうなのです。

「プロでも5%の収益を上げればいいほう」

ということは、素人ならば儲かっても1~2%、普通にしていれば赤字になる可能性が非常に高いのです。

情報、技術が少ない一般の投資家が、そう簡単に儲けられるはずはないのです。

だから「株で絶対に儲けられる」という本は絶対に信じないことです。

株というと「危ない」「ギャンブルと同じ」というふうに思っている人も多いかもしれません。確かに株は「投機」として買うと、かなり危ない要素を占めています。

株の値上がりを期待して売買をすることは、はっきりいってギャンブルです。

暴落とか暴騰とかが起こらない普通の相場でも、1日で株価が数%前後するのは、ごく普通のことです。100万円投資していたら、1日で2~3万円増減するのは全然、普通にあることなのです。

もし毎日2万円、パチンコで負けていたら、かなり苦しいでしょう？

そういうことが普通に起こるのです。リスクの高い投資というのは、よほど勉強していないと、儲けられるものではありません。

## 生活レベルは落とさない

次に「税務署員の貯蓄のための5か条」の3番目の「**無理はしない**」について、ご説明します。

税務署員も経済的な身分で言えば、サラリーマンです。

普通に給料をもらって生活をしています。その中で、上手に蓄財をしているのです。

しかも、それほど無理をしているわけでもありません。

蓄財をするには毎日、毎日、すごい労力をかけたり、厳しい節約に勤しむような必要があったりします。そんなことをすれば、毎日すごくストレスになりますし、ほとんどの人は長続きしません。

また、節約を奨励する本の多くは、少しでも節約するテクニックばかりに目を向けられています。確かにそれをやれば、それなりの貯金はできるでしょうが、あまりに極端な節約生活を強いるものであり、現実的ではありません。

毎日遊びに行かず、友達付き合いもほとんどせず、1円でも安いものをスーパーで探し歩くような生活をしていれば、そりゃ、蓄財はできるでしょう。

が、ほとんどの人は、そういう生活を続けていくのは無理です。

たまには遊びに行きたいし、友達との付き合いも大事にしたい、節約にそれほど血眼になりたくないはずです。その範囲での蓄財じゃないと、現実的に「持続可能」ではないはずです。

また、もし禁欲的な生活を送ってお金を貯めたとして、何のための貯蓄？　ということになるはずです。

お金と言うのは、快適に暮らすために貯めたり使ったりするものです。快適に暮らすことを放棄してお金を貯めるのは、本末転倒でもあります。

もちろん、貯金が趣味という人もいますし、どんな苦しい生活をしていても、貯金ができていれば幸福という性質を持っている人もたまにはいます。そういう人は、それが幸福なのだから、そうすればいいでしょう。が、そういう人は本書を読むまでもなく貯蓄しているはずなので、この本では、そういう人は対象とはしていません。

本書が対象とするのは、生活レベルを落とさずに無理なく貯蓄したい方々です。

貯蓄を増やすためには、ほんのちょっとの知識と、ほんのちょっとの手間でいいのです。それだけで経済生活は、かなり違ってくるものなのです。

税務署員は、大金持ちや事業に成功した人をたくさん見てきています。

そういう人たちは、普通の人とそれほど変わるものではありません（非常に変わり者も時々いますが）。

彼らは、普通の人よりもちょっとだけ知識や情報を持ち、ちょっとだけ手間をかけていることが多いのです。たったそれだけで経済的に成功したり、大きな蓄財をしたりできているのです。

要は、「ほんのちょっとでいいからお金について研究してみる」「ほんのちょっとでいいからお金のために努力してみる」ということです。

一番ダメなことは、「どうせそれほど収入に大きな変動がないのだから、何をしてもたかが知れている」とあきらめてしまうこと。ほんのちょっとの努力もしないことです。そして給料をもらいっぱなし、使いっぱなしの生活をしてしまうことです。

たとえば、ダイエットでもそうですよね？

毎日1食にするとか、何日も炭水化物を抜くとか、そんな厳しいことをやろうとしても、なかなか続くものではありません。

でも、かといって何もしないと健康上、外見上、悲惨なことになってしまいます。

ただ日頃の暴飲暴食をやめる、ほんのちょっとだけ食に気をつけてみる。たったそれだけのことで、何もせずに食いたいだけ食う生活と比べれば、全然違ってくるはずです。

経済生活でも同様です。

今までお金のことを何も考えずに生活してきたのを、ほんのちょっとだけ考えるようにしてみる。本書に載っている方法の中で、自分ができそうなものを一つでもやってみる。

それだけで全然違ってくるはずです。

## 節税はまったくリスクのない貯蓄法

次に「税務署員の貯蓄のための5か条」の4番目の「**節税こそもっとも安全で効率的な**

**財テク**」について、ご説明します。

あまり気づいていないかもしれませんが、我々はけっこう高い税金を払っています。

財務省の発表によると、2024年度の日本人の税、社会保険料負担は48・4％です。

しかも日本にはNHK受信料など、税には含まれないけれど実質的に税金となっているものが多々あります。それらを加味すると、現在の日本人の税、社会保険料負担率は50％を超えるといえるでしょう。

江戸時代の農民の年貢は、6公4民などとも言われます。しかし、これは一番高いケースを指しており、全体では実質的に4公6民くらいだったと言われています。だから現代日本は、実に江戸時代の農民よりもかなり税負担が大きいのです。

年収500万円であれば、240万円くらいを税金で取られているのです。

けっこう大きいですよね？

この税金を減らすことができれば、貯蓄はぐんと増えるのです。

一般の人たち（サラリーマン、派遣社員、年金生活者など）は、「税金は安くしたりできない」と思い込んでいます。税金の手続きは、会社や役所などがすべて行っており、自分で節税する余地はないと思っているのです。

しかしそれは大間違いです。

会社や役所が行う税金の手続きは、最低限度必要なものだけです。本当は納税者によってさまざまな選択肢が与えられており、節税の方法もいくらでもあるのです。ほんのちょっとの知識があれば、税金の額は全然違ってくるのです。

「税金が高いといっても、税金は安くする術《すべ》がないじゃないか」

と思われている方もけっこういるはずです。

「節税はもっとも有効でリスクのない貯蓄術」と言われても、ほとんどの人は、「節税なんてできない」と思っています。

特にサラリーマンの場合、収入がガラス張りなので節税の余地などまったくないと思い込んでいる人が多いようです。だからサラリーマンの多くは、節税についてほとんどあきらめてしまっています。

が、サラリーマンでも節税する方法は多々あるのです。所得税、住民税を納めている人であれば、誰にでも節税できる方法は必ずあるのです。たとえば年収500万円の家庭の場合、年間10万円以上節税することは十分に可能なのです。

しかも、「節税はまったくリスクのない貯蓄法」でもあります。

もし株式投資でコンスタントに年間10万円を稼ぎ出そうと思えば、400万～500万円くらいの投資をしなければならない計算になります。この金額を投資に充てるようなことは、普通の人にはなかなかできるものではありません。しかも、そのお金が大幅に減るリスクが常にあるのです。

節税はそういう元手もいらず、リスクもまったくなく、10万円程度のお金を稼ぐことができるのです。自分のお金を投資に充てて「生活レベルを落とす」ようなこともしなくていいし、自分のお金が突然、大幅に目減りするようなリスクもないのです。

だから「お金を増やしたい」と思ったとき、まず手をつけるのは節税なのです。

節税はまったくリスクのいらない、庶民にとって最強の財テクなのです。

## 税金は払うものではなく〝使うもの〟

では「税務署員の貯蓄のための5か条」の5番目の「**税金は払うものではなく使うもの**」について、ご説明します。

税務署員は、自分の給料をうまく貯蓄するだけじゃなく、自分の収入を増やす方法も持っているのです。

サラリーマンは、給料以外に収入は得られないと思い込んでいます。

が、決してそうではありません。サラリーマンが給料以外の収入を得る方法は、けっこうあります。

筆者は副業のことを言っているのではありません。確かに副業をすれば、給料以外に収入が得られることもあります。副業で大成功を収めているサラリーマンも多数おられます。でも副業をして収入を得るのは、けっこう大変です。会社によっては、副業を禁止しているところもあります。なので、本書では、副業については触れません（なお副業の節税については拙著『なぜ副業すると税金還付になるのか？』を参照ください）。

じゃあ、どうやって収入を得るのかというと、「行政を利用すること」です。

実は、国や地方自治体は、さまざまな補助金制度をつくっています。

補助金というと、公益法人など、特殊な人たちがもらうものと思われているかもしれません。が、一般向けの補助金もけっこうたくさんあるものなのです。

国や自治体が行っている助成制度は、一般の人が思っているよりもずっと範囲が広いものです。

レジャー費用の補助、家賃の補助、健康費用の補助などありとあらゆる分野で助成を行っています。これらをうまく使いこなせば、相当の金銭的な価値を得ることができるのです。

そういう補助金の情報は、なかなか世間に出まわっていないことも多いのです。しかし、そういう情報は、別に特別な方法を使わなくても簡単に手に入ります。自治体などのサイトを見ればいいだけです。

税務署員は、そういう補助金のことをよく知っています。金持ちや事業家の中には、補助金をうまく利用している人が多いからです。また税務署員は、官僚として官庁の情報にはそれなりに通じています。だから自分たちが受けられる補助金などの情報は、いつもチェックし、上手に活用しているのです。

もちろん、それは税務署員だけじゃなく、サラリーマン全般が利用できるものです。

サラリーマンというのは、税金を強制的に払わされています。

所得税、消費税、法人税、これらのほとんどは実質的にサラリーマンが負担しています。

今の日本の税収のうち、サラリーマンが寄与する部分は非常に大きいのです。

しかし、たくさんの税金を払っているのに、あまり税金の恩恵を受けていないのもサラリーマンです。

国が支出している補助金なども、サラリーマンはあまり使っていません。また国の社会保障費の大きなウエイトを占める医療費も、サラリーマンはあまり使っていません。

つまりサラリーマンは税金は払うけど、使っていないのです。

こんなバカバカしい話はありません。

世の中には、税金は払わずに使ってばかりという人がたくさんいます。

サラリーマンもそういう人たちを見習うべきなのです。ちょっとした知識があれば、あなただって税金を使えるのです。

## 〝お金の現実〟を見よう

誰もがお金はたくさん欲しいと思っているけれど、お金についてちゃんと考えている人はけっこう少ないものです。

また「お金の話をするのは嫌」とか「お金を儲けるために労力を使いたくない」という

ような人もけっこういます。

でも、税務署員は決してそうではありません。

税務署員は職業柄、お金というものの現実を直視せざるを得ません。

お金の現実を日々見ている税務署員たちは、お金に関して無駄な虚栄心は持ちません。

お金は、その人の人生や社会の中で重要な地位を占めている紛れもない事実です。その事実を無視しては人生はやっていけないということです。

お金なしで生きていけるんだったら、お金のことを考えなくてもいいでしょう。でも、今の世の中で、それは不可能です。

「お金のことを考えたくない」と思っている人でも、ほとんど毎日、なにかしらお金を使っているはずです。

そして「お金は汚い」と思っている人たちも本音では、お金は欲しいと思っているのです。でも、お金のことを考えるのは面倒くさい、カッコ悪いなどと思っているので、お金のことを忌避《きひ》してしまうのです。

そういう人たちは得てしてお金のことは、他人に任せっきりになってしまいます。会社で働いていても、どうやったらお金が貯まるかとか、将来の資金計画を立てるなどの努力をしないのです。

それでいて自分の取り分が少なくなったら、世間に文句を言ったりするのです。

お金のことについてちゃんと考えないと、結局、お金で苦しむことになるのです。

## 「お金にルーズ」はカッコ悪い

税務署は、お金にはっきりした職場です。

たとえば飲み会のときの支払いなどでも、非常にはっきりしています。

全部、割り勘ということではありません。普通の職場と同じように（もしくはそれ以上に）、先輩が後輩に奢《おご》ることは多いのです。でもお金の支払いに関して、曖昧《あいまい》なことは絶対にないのです。誰がいくら奢るとか、いくらずつ払うかは非常に明確にされ、もし立て替えた場合でも、翌日きっちり集金がなされます。

つまりは、「お金にルーズではない」のです。

これが他の職場であれば、そうはいかないはずです。

やたら奢りたがる人がいる一方でやたら支払いを避ける人がいたり、徴収するときにルーズな人がいたりするはずです。

日本の社会は、お金の話をするのはみっともないというか、恥ずかしいような空気が多かれ少なかれあるものです。

しかし税務署にはそういう空気は一切ありません。

もし税務署でそういう人がいれば、たちまち悪評が立ってしまいます。

税務署の仕事は、お金にきっちりしていないと務まらないものです。

だから、お金にルーズな人は信用されないのです。

お金の交渉を嫌がる人って、けっこういますよね？

「なるべく、お金の話はしたくない」というような。

お金の交渉は誰だって面倒くさいものなのです。

商売をやっている人はわかると思いますが、商売で一番大変なのは客にお金を払ってもらうことです。客によっては、商品（サービス）だけ先に受け取っておいて支払いになると値切ろうとしたりする人もいますし、いつまで経っても払ってくれない人もいます。

そういう人に対してうまく交渉し、きちんとお金を払ってもらうのは、けっこうエネルギーが必要となるものです。

これは商売をされている人だけに限りません。

友人知人との飲食での支払いだってそうです。

誰が出すのか、割り勘にするのか、割り勘にした場合、誰が集金して店に払うのか、そういうのって面倒くさいでしょう?

後で払うと言っておいて、なかなか払ってくれない人などもいます。下手にうるさく言えば、金に汚い人だと思われるかもしれません。

そのため、「いいや、自分が我慢すれば」と、その場を収めてしまう人も多いはずです。

しかし、その場では我慢できても、だんだん腹が立ってきたり、そういうことが度重なれば、相手の人と疎遠になることもあります。そうなれば、誰もが不幸になってしまうのです。友人知人のためにも、お金の交渉を面倒くさがってはいけないのです。

## 貯蓄を自動的に増やす「魔法の杖」

ここでもっとも手っ取り早く貯蓄を増やす方法を、ご紹介したいと思います。

それは、「支出の記録」をつけることです。「支出の記録」といっても、何も会計帳簿をつけろと言っているわけではありません。メモ程度でいいので、今月自分が何にいくら使ったのかを記録してみることです。

そうすれば、まるで魔法のように貯蓄ができるのです。金銭に関しては「記録の魔術」というものがあるのです。

税務署員は日々、納税者の帳簿を見ています。帳簿を見ることによって、その納税者の経済状態を把握します。つまりは、その人がどういう経済状況にいるかを数値に表して確認する癖《くせ》がついているのです。

これは、けっこう経済生活の中で大事なことです。

人は、自分にいくら収入があるのか、何にどのくらいの支出があるのか、わかっている気持ちになっています。でも頭の中で勘定しているのと、実際に書面に数字で記すのとは、まったく違うこともあります。勘違いもけっこうあるものなのです。

効率的な経済生活を営んでいく上で、「見える化」が非常に大事になってきます。

自分の収入と支出をなるべくきちんと把握していないと、なかなか効率的な蓄財などできないのです。

なので自分の収支計算を、数か月でいいからやってみることをお勧めしたいのです。収支計算といっても難しく考える必要はありません。要は、小遣い帳をつけてみることです。

小遣い帳をつければ、自分が何にどのくらい使っているのかがわかります。

実際に何にどのくらい使ったのかを金額として出してみると、自分の思っているのとは、かなり違った答えになってきたりするものなのです。

飲み代にけっこう使っていると思っていたのが、実はそれほど使っていなかったとか、毎日、ちょっと遊んでいるつもりだったパチンコが意外に大きなお金になっていたなどがわかるのです。

そして実際の金額がわかると、出費の多い項目には支出を抑えようという意識が自然と出てくるのです。

よく、「体重計に毎日乗っているだけで痩《や》せられる」と言われますよね？　あれは毎日、体重計に乗っていれば、自分が太り気味かどうかがすぐにわかるので、思ったよりも体重が増えていたら、自然に食事の抑制などに向かうからなのです。

しばらく体重計に乗らずに、久しぶりに体重計に乗ったらびっくりするようなことってありますよね？　あれは体重計に乗っていなかったら、自然抑制ができなくなるからだといえるでしょう。

それと同じようなことです。

でも小遣い帳などをずっとつけるのは、けっこう大変です。なので、とりあえず2か月分をつけてみてください。そうすれば、自分のだいたいの消費傾向がわかります。なぜ2か月かというと、1か月分だけだと、特殊な出費分などもあって平均的なことがわからないからです。2か月分をつければ、自分の支出の傾向が把握できるはずです。

そうすれば、消費生活はけっこう変わるし、将来的な資金計画も明確になってくるものです。

# 第2章

# なぜ税務署員は若くして家を買うのか？

## 税務署員は若くして駅近に家を持つ

前述した通り税務署員には、若くして持ち家がある人が多いものです。40歳前後の税務署員の大半は、家を持っているといえます。

一般の人の場合、そこまで家を買うことにこだわりを持っていません。お金に余裕ができたり、預貯金がたまったりしてから、「そろそろ家でも買おうか」という感じで検討を始めるものです。

しかし税務署員の場合は、「家を買うのが当然」という感覚があります。若いころから家を買うことを前提に人生設計を立てているのです。親が家を持っていてその家に住み続ける人は別として、家を持っていない人は家を買うのが義務のように思っているのです。

そして税務署員は、駅近に家を持っていることが多いものです。辺鄙《へんぴ》なところに大きな家を買うよりも、多少手狭でも利便性の高い物件を選ぶことが多いのです。

なぜ、税務署員は若くして駅近に家を持つのでしょうか？

税務署員は転勤が多い仕事です。税務署員は一つの地域に長くいると、地元の人と懇意《こんい》になって癒着《ゆちゃく》してしまったりすることがあります。ですので、3~4年おきに転勤をするのが普通なのです。長くても5年以上一つの税務署に勤務することはほとんどありません。

つまり、一か所に定住することは、必ずしも生活しやすくなるとは言えないのです。

なのになぜ税務署員は、まるで当然のように家を買うのでしょうか？

実は、ここに税務署員の知識やお金に関する考え方が集約されているのです。

税務署員は、「ただ暮らしやすさのため」だけに家を買うのではありません。

家というのは、自分の資産を増やすための投資であり、いざというときのためのリスクヘッジであり、相続税対策でもあるのです。

この章では、税務署員が若くして駅近に家を買う理由をひも解いていくことで、彼らの財テクに迫っていきたいと思います。

## 「持ち家」「借家」論争に終止符を打つ

サラリーマン向けの雑誌などではよく「持ち家と借家はどっちが得か」というような特集が組まれます。そしてだいたいこういう特集の場合、生涯の費用を比較すれば両者はそう変わらないという結論に落ち着くことが多いものです。

しかし、筆者はこういう特集記事を読むたびにムズムズします。

というのも、「持ち家論争」の検証では、「家を購入し維持するためのコスト」と「家賃」を単純に比較することしかされていません。

図式にすれば、

| |
|---|
| 家の購入費、ローン利子、税金等 |
| VS |
| 家賃 |

というわけです。

この図式では、大きく抜け落ちている重大な要素が二つあるのです。

一つは、持ち家の資産価値です。

借家は払ったお金がすべて出ていくのに対し、持ち家の場合は、払った家の購入費（ローンなど）は、すべて資産を形成していくことになります。借家は、何年払っても払いっぱなしですが、家のローンは全部払えば、家が自分のものになるのです。

「持ち家も借家も変わらない論」には、この部分がすっぽり抜け落ちているのです。

家が自分の所有物であることは、いざというときに非常に有利になります。

家が自分の所有なら、もし不意に多額のお金が必要になった場合、それを担保にして、お金を借りることもできます。いざとなれば売り払って、お金をつくることもできます。

しかし借家ならば、そんなことは一切できません。

つまり、借家の場合の住居費は払いっぱなしで終わりですが、持ち家の場合の住居費は、資産として蓄積されていくわけです。この持ち家の資産価値は、家のコストから差し引かなくてはなりません。

だから、図式としては次のようになるはずです。

家の購入費、ローン利子、税金等 － 家の資産価値 VS 家賃この図式にすれば、ほとんどの場合、持ち家が勝利するのです。

## 家を持っていれば老後準備資金を大幅に減らせる

また「持ち家論争」でもう一つ抜け落ちている重大な要素は「安心感」です。

持ち家の最大のメリットは、一生、家賃を払わなくていいことです。

固定資産税はかかりますし、分譲マンションなどの場合、管理費や修繕費などを払わなければなりません。それでも家賃に比べれば、はるかに安いものです。

この「一生、家賃を払わなくていい」のは、人の心理において非常に有利な条件となります。

人は、いくつまで生きるかわかりません。だから、老後を借家で過ごそうと思えば、「死ぬまでに家賃がいくらかかるのか？」は読めません。

80歳まで生きるのと、100歳まで生きるのとでは、トータルの家賃はまったく違ってきます。

平均寿命というのは、老後計画には何の意味も持ちません。

平均寿命を元に資金計画をしていても、平均寿命以上に生きた場合、たちまち資金が破綻してしまうからです。平均寿命とは、あくまで平均のデータであり、理屈から言えば、平均寿命より長く生きる人が半数いるわけなのです。

だから借家の場合は、自分の老後の資金がいくら必要かが読めないのです。

今の時代では、100歳まで生きる準備をしておかないと、安心して生きることはできないでしょう。

これは老後の資金計画の上では、けっこう大きな負担です。

60歳から老後が始まるとして100歳までの家賃分のお金を用意しておかなければならないとなると40年分です。男性の平均寿命が80歳ちょっとですから、平均寿命までの家賃を準備しておけばいいのであれば、20年分で済みます。が、80歳できっちり死ぬ保証はないのですから、その倍の40年分の家賃を準備しておかないと、不安になるはずです。

つまり、余計なお金の準備が必要となるのです。

しかし、持ち家の場合は、そうではありません。

持ち家の場合は、何歳まで生きようと、住居費の負担はあまり変わりません。だから、老後の資金計画において、住居費は除いて考えることができるのです。

雑誌などの持ち家論争の計算では、だいたい次のような算式になっています。

借家の人の住居費＝平均寿命までの家賃

しかし現実的に、借家の人の住居費の準備金は次のようになるはずです。

借家の人の住居費の準備額＝100歳までの家賃

たとえば、家賃6万円のアパートに住んでいるAさんがいたとします。

Bさんは Aさんと同じような間取り、地理条件のマンションを所有しています。管理費や税金で月3万円ほどかかります。両者の差は3万円です。

60歳から100歳までの住居費は、Aさんは2880万円です。

一方、Bさんは1440万円で済みます（固定資産税などは別計算です）。

さらにBさんの場合は、マンションの資産価値が1000万円あります。だから、実質的に必要な住居費は440万円でいいことになります。

実に2480万円もの差があるのです。

こういうケースは決して珍しいものではありません。

このように、持ち家には「平均寿命までの単純な家賃計算」で測れない大きなメリットがあるのです。

## 持ち家と借家では「家のクオリティー」が全然違う

前項で持ち家と借家では、老後の生活を考えたときに、持ち家のほうが断然有利になることをご紹介しました。この項目ではそれをもう少し掘り下げたいと思います。

老後の生活において持ち家は、経済的な価値だけではなく、精神的な安定の上でも非常に大きいはずです。

家賃は、ほとんどの人にとって生活費の中でもっとも大きい項目です。

筆者はホームレスの方などの取材をしたことがあります。彼らが、ホームレスになったもっとも多いきっかけは「家賃が払えなくなった」ということです。

また昨今の不景気によって生活が困難になった人のニュースでも、やはり「家賃」が大きくのしかかっています。「家賃が払えなくなったとき」が、生活が壊される最大の要素になるのです。

だからお金の余裕があるときに、家を持っておくことは、非常に有効な「貯蓄方法」だといえるのです。

なぜ税務署員が家を買うかというと、資産形成として、家を持つことが非常に有利だと知っているからなのです。

税務署員は、その職業柄、物事を多角的に分析する癖がついています。

納税者がきちんと納税しているかどうかをチェックするとき、表面的な数字だけを追っても真実は見えてきません。その納税者の置かれた環境、商売の状況、生活具合などを多角的に分析しないと、きちんと税金が申告されているかどうかはわかりません。

つまり、税務署員は経済分析のプロなのです。

その税務署員の分析癖から、「持ち家論争」を検討した場合、持ち家が優位なのです。

だから税務署員の多くは、家を持っているのです。

また持ち家と借家を比較した場合、単純な住居費の比較でも、だいたい持ち家のほうが有利になるのです。それは普通に考えれば当たり前のことです。

借家の家賃は、その家の購入費に大家の利益が加算されます。忘れられがちですが、借家には大家の利益が必ず加算されているのです。損をするのに部屋を貸しているような大家はいません。損をするくらいなら、貸さないで売っているはずだからです。

「持ち家の場合は、購入費自体は家賃より安いけれど、固定資産税やメンテナンス費用を入れれば、そう変わらない額になる」と、こういう主張をされることもあります。

しかし、この論にも大きな欠陥があります。

確かに家を買えば、固定資産税やメンテナンス費用が必要となります。

が、それは実は借家でもおなじことなのです。

借家にも、固定資産税やメンテナンス費用はかかります。借家の固定資産税やメンテナンス費用は大家が払っています。が、しかし、それは家賃に上乗せされるので、結局払っているのは家を借りている人なのです。

つまり、家賃には、固定資産税やメンテナンス費用も含まれているのです。

## 「持ち家」「借家」の住居費が変わらなくなるカラクリ

前述したように、雑誌の「持ち家と借家の比較特集」などでは住居費をシミュレーションした場合、両者あまり変わらないという結果になります。これはなぜなのでしょうか?

そこにはちょっとしたカラクリがあります。

というのも雑誌などの持ち家論争の検証では、厳密にまったく「同じ場所」「同じ建物」「同じ設備」での比較をすることはほとんどありません。「4人家族で4LDKに住んだ場合」など、非常に大雑把な条件での比較をしています。

もし、まったく「同じ場所」「同じ建物」「同じ設備」の住居の場合、持ち家と借家では、絶対に持ち家のほうが安くなるのです。大家の利益分がないので、当たり前といえば当たり前です。

持ち家と借家の場合、家そのもののつくりが違うことが多いのです。

大家はなるべく家の設備を安く済ませようとします。

同じような間取りであっても借家と分譲住宅では、家の設備等が全然違うのです。賃貸アパート、賃貸マンションなどの場合、分譲住宅よりもかなり格安な設計になっています。つまりは、ボロいということなのです。

借家の「家賃」は、家の購入費よりも安い（もしくは同じくらいの）ように見えますが、実は、賃貸住宅のほうがボロいだけなのです。

もちろん、高級仕様をうたった賃貸マンションなどもあり、そういうマンションでは建物の質や設備などがとても充実していることもあります。しかし、そういう高級賃貸マンションは家賃も相当高くなります。もし同様の仕様のマンションを購入すれば、家賃よりもかなり格安で済むはずなのです。

ただし家を持つ際には、気をつけなくてはならないこともたくさんあります。家を買うときに失敗すれば、金額が大きいだけに大きな損失を被ることになります。

## 持ち家のデメリット

前項まで、借家よりも持ち家のほうが有利であり、税務署員は若くして家を買う人が多いことを説明してきました。

しかし「もうそろそろ定年」もしくは「もう定年が来てしまった、今更どうしようもない」と思う人もいるかもしれません。が、郊外のマンションであれば、数百万円で売っているものはざらにあります。２００万円程度で買えるものもなかにはあります。

だから、自分はもう年だからと持ち家をあきらめる必要はないのです。

かといって、手放しで持ち家のほうが有利というわけでもありません。

持ち家にも、不利な要素はいくつかあります。

その要素をしっかり把握した上で、家を持たなくてはならないといえます。

持ち家のデメリットは、大きく二つあります。

一つは、地価の下落です。

地価が下がれば、持ち家の資産が下がってしまいます。もしバブル崩壊時のような地価の下落があれば、資産が大きく目減りすることになります。

ただ、このデメリットはそれほど気にするものではありません。地価は下がるばかりではありませんし、上がる場合もあります。歴史的に見れば、土地は下がっている時期よりも上がっている時期のほうがはるかに長いのです。

また資産価値が下がったとしても、すでに購入代金を払い終えていたり、自分が払える範囲のローンを組んでいるのであれば、生活自体にまったく影響はありません。資産価値の下落は家を売ろうとするときにだけ影響するものです。

だから、「地価の値上がりを見込んで無理なローンを組んだ」ようなことがなければ、地価の下落はそれほど大きな不安要素ではないのです。

## マンションと一軒家はどっちがいいか?

マンションと一軒家のどちらにすべきかも、家を持つ際に重要な要素となります。もちろん家族構成や趣味嗜好《しこう》などによって、どちらがいいかは変わってくるでしょう。

気をつけるべき特徴を言うと、マンションの場合は、売買しやすいのでいざというときには比較的簡単に売ることができます。が、住居の規則などがあり、部屋の騒音などにも気をつけなくてはなりません。また隣室や上下の部屋からの騒音などに悩まされる恐れもあります。

一軒家の場合は、住居の規則などもありませんし、部屋の騒音などにもそれほど気をつかうことはなく、自由度が増します。が、一軒家の場合は、マンションに比べて売りにくいという難点があります。老後に家を売って、介護付き住宅などに入ろうと思っている場合は、その点に気をつけなくてはなりません。ただ売りにくいといっても「売れない」わけではなく、売るのに時間がかかるということです。

## 不動産業者という大敵

家を持つ際の最大のデメリットは、借家のように自由に引っ越しができない、つまり取り換えがなかなか効かないことです。

近所に変な人がいたり、家の構造に問題がある「変な家」に住んだ場合は大変です。家を売って引っ越すこともできますが、その際はたいがいの場合、大きな経済的負担が伴います。

借家であれば何か嫌なことがあれば、すぐに退去することができます。逆に言えば、その身軽さが借家の最大のメリットだといえるでしょう。

だから家を持つ際には、その物件を重々検討しなくてはなりません。

家を買う場合、最大の敵となるのが実は不動産業者です。

筆者は、かつて国税調査官としていろいろな業種の人と接してきましたが、「商売のやり方の汚さ」において不動産屋という業種は、あらゆる業種の中でトップクラスだといえます。

特に中古物件を買う場合は、要注意です。中古物件には、訳ありなものが多く、不動産業者も騙《だま》しにかかることがあるのです。

不動産関係の法律では、その物件によくない事情があれば必ず開示しなくてはならないことになっています。が、「よくない事情」には事例が定められており、それにあてはまらない項目については説明しなくていいことになっているのです。

たとえば、「隣人に変な人がいる」ような場合。その隣人が「反社会的勢力」などでない限り、それを伝えなくてはならない義務はないのです。

また自殺や変死などの「事故物件」の情報に関しても、大きな抜け穴があります。自殺や変死などがあった物件は、売る側はその情報を買い手に知らせなくてはなりません。が、自殺や変死があった後、一旦、別の人がそこを借りたり、所有したりすれば、その後で売却するときには、その情報は開示しなくていいことになっているのです。だから一旦、知り合いなどに借りてもらって、その後に売却することも行われています。

不動産屋に騙されないためには、物件をよくよく吟味するしかありません。たくさん内見をして、その地域の相場などを知っておくほうがいいでしょう。

中古物件などで「明らかに割安なもの」は、何かあると思ったほうがいいです。不動産屋が、理由もなく割安にするはずはないのです。

家を買おうと思ったら、最低でも半年、できれば数年は検討したほうがいいでしょう。

自分がどういう家を求めているのか、利便性を優先するのか、環境や広さを優先するのかなどをしっかり把握してください。そして候補物件については、少しでも不審な点があれば不動産屋に嫌がられてもしつこく聞くことにしましょう。

また不動産屋が大手だからといって安心してはいけません。大手の不動産屋も、決してクリーンではありません。何かトラブルがあったときには大手のほうがかえって開き直り、法律を盾にとって何も対処してくれないことが多いのです。

## 家を持てば税金が安くなる

さらに持ち家には大きなメリットがあります。それは、税金が安くなることです。

現在、日本の税制には、住宅ローン控除というものがあります。

ローンを組んで家を購入した場合は、税金が非常に安くなるという制度です。この住宅ローン控除にはさまざまなバリエーションがあります。うまく利用すれば、10年以上所得税、住民税をほとんど払わなくて済むことになります。

ほとんど節税の余地がないサラリーマンにとって非常に効果的な節税策だといえます。

住宅ローン控除は簡単に言えば、省エネなどの一定の基準を満たした住宅を購入した場合、住宅ローン残高の0・7%分の税金が安くなるという制度です。

サラリーマンで言えば、住宅ローン残高の0・7%が年末調整で還ってくる感じになります。

たとえば2000万円の住宅ローン残高がある人ならば、所得税が14万円安くなるのです。平均年収程度のサラリーマンならば、所得税がゼロになってしまうことも多いのです。

この住宅ローン控除は、年間の限度額が31・5万円（子育て世代の場合は35万円）で、13年間受けることができます。だから最大で409・5万円の減税を受けられるのです。

この住宅ローン控除、実は非常に節税効果が高いものです。筆者は所得税の控除の中では、住宅ローン控除がもっとも節税効率が高いものと思っています。

サラリーマンにとっては、最大の節税策と言えるでしょう。筆者が家を買うことを勧めるのは、この住宅ローン控除も理由の一つです。

住宅ローン控除は、普通の人でも年間数十万円単位で税金が安くなるのです。これを知っているのと知らないのとでは、経済生活がかなり違うと思われます。

考えても見てください。

家を買った人の税金が毎年数十万円も安くなるのです。家を買わない人は、その数十万円の税金を払わされているわけです。家を持っている人と持っていない人の差はどんどん広がっていくのです。

住宅ローン控除は、手続きも簡単です。

住宅ローン控除は、1年目は必ず確定申告をしなければなりませんが、サラリーマンの場合は2年目から会社でやってくれます。サラリーマン以外の人も2年目の確定申告からは、住宅ローンの年末残高証明書を添付するだけでいいのです。

初めの年の確定申告は、必要書類をそろえて、税務署で申告書を作成してもらうのがいいでしょう。

ただし住宅ローン控除には、いくつか気をつけなくてはならない点があります。

まず住宅ローン控除の対象になる住宅には一定の条件があります。中古住宅は耐震基準をクリアしていること、新築住宅はエコ仕様などが条件となっています。このあたりは、住宅を買うときに確認が必要です。

また住宅ローン控除は、住宅に関わる「借入金の残高」が控除の基準となります。だから、原則として住宅ローンを組んでいない人は、受けることができません。

そして住宅ローン控除の対象になるローンは、住宅部分に関するものだけです。家を買う場合、土地と建物を同時に購入することが多いと思われます。ただし土地の部分のローンは含まれないのです。

敷地等の購入にかかる借入金の年末残高があっても、住宅借入等特別控除の対象とはなりません。つまり土地を買った借金ではなく、建物を買った借金がないとダメなのです。

だから、もし家を買うときにある程度、手持ちの現金があるのなら土地の購入にあて、建物はローンを組むべきです。

# 遺産は不動産で残せば相続税が安くなる

前項では家を買うことで所得税などが安くなることをご紹介しました。

しかも家を持つことにより相続税対策にもなるのです。

まず知っておいていただきたいのは、遺産は現金、預金、金融資産などで残すより不動産で残したほうが圧倒的に有利だということです。

たとえば故人が居住していた家に遺族が引き続き居住する場合、相続税の大幅な割引制度があります。

「夫の名義の家に夫婦で一緒に住んでいて夫が先に亡くなる」

というケースは非常に多いのです。こういうケースで、残された妻がその家に住み続ける場合は、相続税は大幅に割安になるのです。

これは「小規模宅地等の特例」と呼ばれるもので、死亡した人と遺族が同居していた家に遺族がそのまま住み続ける場合、土地の広さが330㎡以下の部分は土地の評価額が80%も減額されるのです。

同居している親族には、配偶者をはじめ子供たちなども含まれます。

330㎡というと100坪のことです。今時、100坪の土地を持つ家などはなかなかお目にかかれません。特に都心部では相当な地主さんじゃない限り、100坪の住宅地などはありません。

だから庶民の住宅の場合は、ほとんどがこの条件に当てはまるはずです。

けっこう土地の価格が高いところに家を持っている人は、これで一安心でしょう。とりあえず相続税のために遺族が追い出されるようなことはなくなるわけですから。

たとえば30年前に都市近郊に購入した家（土地は200㎡）が、現在の時価では6000万円になっていたとします。

家の価値は1000万円、土地の価値は5000万円です。ほかに資産は預貯金が1000万円程度です。合わせて7000万円の資産があるのです。

法定相続人は妻と子供2人です。相続税の基礎控除は、3000万円プラス法定相続人一人あたり600万円です。なのでこのケースは相続税の基礎控除を超えていますので、普通は相続税がかかってきます。

しかし、夫が死んだ後も妻がその家に住み続ければ、家の土地の評価額は8割減となります。だから土地の価格はわずか1000万円でいいことになり、家と預貯金合わせても3000万円にしかなりません。これで相続税の基礎控除以下になるので、相続税はかからないのです。

自宅の土地が8割減となる条件（小規模宅地等の特例）

- 故人の自宅の土地が330㎡以内であること
- 故人と同居していた法定相続人がその家を相続し、そのまま住み続けること

## 家は都心部に持っていたほうが得

この「小規模宅地等の特例」の330㎡という条件は、全国共通です。

土地代の高い都心部でも、土地代が非常に安い地方でも、同じ330㎡という条件にな

っています。

だから持ち家は都心部にあるほうが、相続税上は有利になります。

たとえば都心部で200㎡の家を持っていて土地の時価は1億円だったとします。これは、土地が330㎡以下なので「小規模宅地等の特例」に該当します。土地の評価額は8割減の2000万円でいいということになります。

一方、地方で660㎡の大豪邸を持っている人がいたとします。土地の時価は5000万円です。が、この大豪邸の場合も、「小規模宅地等の特例」を受けられるのは330㎡までなので、土地の半分しか受けられません。土地の評価額5000万円のうち、半分だけが8割減の対象となり、残りの半分は普通に地価が適用されます。だから、この場合の土地の評価額は3000万円ということになるのです。

つまり、都心部の1億円の土地は2000万円に減額され、地方の5000万円の土地は3000万円にしか減額されないという現象が生じるのです。

この点は、念頭に置いておいてください。

だから年配の人でこれから家を購入しようと思っている人は、相続税のことを考えるのならば、なるべく都心部のほうがいいのです。税務署員が利便性の高いところに家を買う理由もここにあるのです。

この「小規模宅地等の特例」には、同居という大きなハードルがあります。相続人が配偶者（夫婦どちらか）の場合は問題ないでしょうが、相続人が子供の場合は、同居は難しいことも多いでしょう。昨今では親が一人暮らしをしているケースも多いのです。そういう一人暮らしの親の家が遺産として残された場合、「小規模宅地等の特例」は使えませんので、まともに相続税が課せられることになります。

が、そういうケースでも、「小規模宅地等の特例」を使える方法がいくつかあります。まずは2世帯住宅です。この「小規模宅地等の特例」は、完全に一つの家で同居しておく必要はなく、玄関などが別々で、両家の間が行き来できない完全分離型の二世帯住宅でもOKなのです。

だから、親がけっこう大きな金を持っている場合は、土地の高い都心部に完全分離型の二世帯住宅を買ってもらい、そこに住むというのも有効な節税策だと言えます。

またこの二世帯住宅の特例は、病気などで最終的に親が老人ホームで亡くなったなどの場合でも適用されます。

## 持ち家は老後に効力を発揮する

何度か触れたように持ち家は、家賃の代わりにローンや税金を払うことで家に住めるだけではなく、家が資産として形成されてきます。

そして家の資産価値は、老後にこそ大きな意味を持つようになるのです。

昨今の民間老人ホームやグループホームでは、マンションのような部屋で普通に生活できて、いざというときの介護や医療の面倒をみてくれるところもたくさんあります。ただ、そういう民間老人ホームなどに入るには、非常に高額な一時金を払わなければなりません。

その一時金をねん出するには、家を売るのがもっとも手っ取り早い方法なのです。これまで住んできた家を手放すことで、施設などへの入居金をねん出できるのです。

借家で長い人生を過ごしてきた人には、そういう手が使えません。単に家賃、住居費を比較するだけでは、持ち家も借家もそう変わらない結果になりがちですが、資産形成の点を考慮すれば、持ち家のほうが絶対に有利なのです。

ちなみに筆者もライターとして生活が成り立つようになると、すぐに家を購入しました。

家賃がもっともバカバカしい支出だと思われたからです。もちろん利便性もそれなりにいい場所を選びました。

そして昨今、初老を迎えて、老後はちょっとのんびりできる風光明媚な場所で過ごしたいと思うようになりました。その新たな住居は、今の家を売ったお金でねん出することにしました。家の売却代金は、家を購入したときの代金とほとんど変わりませんでした。だから実質的に、十数年間を家賃無料で住んでいたことになります。

こういうケースは、別に筆者だけが特別だということではありません。多くの人が、ほんのちょっと自分の住居について研究するだけで享受しているメリットなのです。

## 住んだまま持ち家を換金できる「リバースモゲージ」とは？

「老後のお金は年金だけでは足りない」などと、よく言われます。

年金をもらえる額は人それぞれなので一概には言えませんが、だいたい平均して1000万円から2000万円くらいは、老後の生活費が年金を上回ってしまうようです。

この老後の不足資金を補う方法の一つとして「リバースモゲージ」があります。

リバースモゲージをざっくり言うと、自分の家を担保にしてお金を借りる制度です。普通の不動産担保ローンとどこが違うのかというと、基本的にお金は返さなくていいのです。自分の死後に、持ち家の所有権を借金の貸主（金融機関）に譲渡するという条件になっているのです。

つまりは、「自分の家に住み続けながら自分の家の売却代金を事前に受け取る」という制度です。

融資金額は、持ち家の市場価値などを勘案して決められます。家を持っている人にとって、老後資金の非常に有効なアイテムだといえます。

またリバースモゲージは、「争族対策」「空き家対策」としても有効な手段です。相続では、ちょっと資産を残してしまったばかりに子供たちの兄弟仲が悪くなってしまうケースが非常に多いのです。そしてこういう争族は、たくさんの財産を持つ資産家ではなく、「遺産は家くらいしかない」という小金持ちのほうが起こりやすいのです。わずかな資産を巡って兄弟同士が争うのは、親としては絶対に避けたいものです。

そして家を残すことは、空き家問題というリスクもあります。遺族が使う可能性がない空き家を残されると、処分するのに非常に苦労することが多いのです。

リバースモゲージは、そういう遺産問題を解決してくれます。あらかじめ自分で家の処分を決めておくので、残された家の分割や処分で遺族が悩まされることはありません。リバースモゲージは「自分の資産を自分が生きているうちに自分のために活用できる」という画期的な制度ですが、若干の難点もあります。

原則として、リバースモゲージで借りたお金の返済の必要はありません。ただし契約によっては不動産価値が当初に比べて急激に下がったなどの場合は、返済を求められることもあるのです。だから契約内容をよく確かめてから契約する必要があります。

また一般的に言って、リバースモゲージで融資してもらえるお金は、家を普通に売却した金額よりかなり低くなります。

貸し手は不動産価値が下落することも見越して、「この程度なら貸せるだろう」という金額を査定します。それは当然のことながら、実際の市場価値よりも低くなります。

だから家に住み続けてお金を調達したい場合は、リバースモゲージを使ったほうがいいでしょうが、老人ホームなどに入居するなど、もう家から離れる場合は普通に売ったほうが大きなお金になります。

このリバースモゲージは、自治体が行っているケースや銀行などの金融機関が行っているケースがあります。またもし推定相続人（将来、法定相続人になるだろう人）がいる場合は、推定相続人全員の了解が必要となります。その点は注意が必要です。

## リバースモゲージではなく家を売却して住み続ける方法もある

リバースモゲージのような「融資」ではなく、持ち家を売却し、その家に住み続ける方法もあります。

これは「リーズバック」と呼ばれる金融サービスで、その家に住み続ける権利を保持しながら家を売却するものです。住んでいる間は、その金融機関などに家賃を払わなければなりませんが、原則として家賃を払っている間はいつまでも住み続けることができるのです（契約によってはその通りではありません）。

リバースモゲージとどう違うかというと、リバースモゲージよりも若干、高い価格で家を売ることができることです。またリバースモゲージは家賃を払う必要はありませんでしたが、このケースでは家賃を払わなければならないのです。

どちらが得かは、一概には言えません。お金をどのくらい必要としているか、家にはあとどのくらい住むつもりなのかなどで状況は変わってきます。もし検討されたい場合は、金融機関でよく契約内容を聞いてください。

## 今は家を買ってはいけないのか？

昨今の金利の上昇により、住宅ローンがヤバいなどと時々聞かれます。雑誌などでも「住宅ローンで生活が破綻した人」の記事なども載ったりしています。

また、これまでは家を買ったときには「住宅ローン控除」という税金の割引制度がありましたが、この「住宅ローン控除」は最近、徐々に縮小されています。

さらに昨今では、日本の人口減により、空き家問題などがクローズアップされてきています。これから日本の土地や家の価値は下がるのではないかとも言われています。

これらのことを考えると「今、家を買ってはいけないんじゃないか？」と思う人もいるでしょう。

本当に今、家を買うべきではないのでしょうか？

答えはノーだと言えます。

「今、家を買うべき」とまでは言いませんが、「今」は家を買うための条件が悪いわけではないのです。

なぜなら金利が上昇傾向にあると言っても、現在の住宅ローンの金利は、まだ歴史的に低いのです。住宅ローンの固定金利は、90年代から2000年代まで平均で4％前後であり、高いときには5％を超えることもありました。

住宅ローンの金利が安くなったのは2010年代以降のことなのです。そして、現在でも住宅ローンの固定金利は2％を切っています。

固定金利は、ローンを組んでいる期間の金利は固定されているので、この先、世間の金利が上がったとしても上がることはありません。つまり現在、住宅ローンを固定金利で組めば、ローンの期間中は何十年であっても2％以下の金利でいいのです。

最近、雑誌などに載っている「住宅ローンの金利が上がって生活が破綻した人」は、固定金利ではなく変動金利を利用していた人なのです。

変動金利を選択した場合は、世間の金利が上昇すればそれに連動して住宅ローンの金利も上昇します。が、現在の金利の上昇は、1％も上がっていないのでたかが知れています。なので、現在の金利上昇くらいで生活が破綻するとなると、よほどギリギリのローンを組んでいた人ということになります。変動金利を選択していれば、ある程度の金利上昇は想定しておくのが当たり前です。変動金利を選択した上に、ギリギリの金額のローンを組んでいれば、「そりゃ破綻するだろう」ということです。

ローンを組まずに現金で家を買おうかと思っている人も、決して今は買ってダメな時期ではありません。今後、物価が上がるのではないかと予想する経済評論家はたくさんいます。もし本当に物価が上がるのであれば、買えるときに家を買うのは有効な手立てだとも言えるからです。なぜなら「物価が上がる」とはお金の価値が下がるということで、お金を別の資産に変えておくことはリスクヘッジになるのです。

物価が上がれば家賃も上がる可能性が高いので、家を買っておくことは生活費の面でも有益になる可能性が高いのです。

## 住宅ローン控除は近々廃止されるかも

そして家を買った人の税金割引制度である「住宅ローン控除」は、縮小されたとはいえまだ残っています。

この住宅ローン控除は、新築住宅の場合は借入残高の0・7%の税金が控除されます。たとえば4000万円を借りているとすれば、28万円の税金が還付されるのです。それが13年間適用されます。

ただし、条件がいくつかあります。新築住宅の場合は省エネ基準適合住宅など、中古住宅の場合は新耐震基準などをクリアしていなければなりません。

しかし2025年からは省エネ基準適合住宅しか新築できないようになっているので、ほとんどの新築住宅はクリアしていると思われます。新築住宅を買おうと思っている人は一応確認しておきましょう。またそのほかにも低炭素などの省エネ基準をクリアしていれば控除対象借入限度額が増えます。

この住宅ローン控除は、今後、縮小廃止に向かっていくようです。なので税金面だけを見れば、「家を買うなら今のうち」ということになります。

そして「これから日本の土地の価格が下がる」と言われていることについてです。これは正直なんとも言えません。確かに現在、日本の人口は減り続けていますので、土地や家の値段が下がる可能性があるのは間違いないことです。しかし人口が減って地方が住みにくなれば、今よりももっと都心部への人口集中が起きてくる可能性もあります。となれば、地方の土地の値段は下がるけれど都心部は上がります。実際に、現在はそういう傾向になっています。

また昨今、外国人によって日本の不動産が多く買われています。

そのため日本の土地の値段は、今も上がり続けているのです。コロナ真っ最中の令和3年だけは若干下がりましたが、ほかの年は上がっているのです。だから、これから土地の価格がどうなるかは、なかなかわかりづらいのです。

総じて住宅ローンの固定金利自体は、今の時点でもかなり安いし、税金の割引制度も現在ならばまだ残っているので、家を買う条件としては決して悪いわけではないのです。

もちろん今後、家や土地の値段が下がったり、日本の景気がさらに悪くなって収入が減るなどということもあり得ないことではないので、そういうリスクも頭に置きつつ、冷静に自己判断してください。

## 地域によって税金や行政サービスはかなり違う

税務署員は、住む場所を決める際、普通の人とちょっと違う視点を持っています。その地域の税金や社会保険料、行政サービスなどを慎重に吟味するのです。

というのも、あまり知られていませんが、税金や社会保険料は地域によってかなり違うのです。

自治体に払う主要な税金として「住民税」があります。この住民税は、全国一律と思われることが多いようですが、実は若干のばらつきがあるのです。

住民税は、均等割と所得割の二つを合算したものが払うべき税額となります。均等割というのは、一人あたりいくらと決められており、原則として生活保護受給者など以外は誰でも払わなければなりません。

均等割の標準税率は市区町村民税3500円、都道府県民税1500円となっています。

この標準税率はすべての自治体に共通ではなく、若干の違いがあるのです。

**市区町村民税は3500円から4400円まで**

都道府県民税は1500円から27000円まで
となっています。

たとえば宮城県では、県民税の均等割が2200円となっています。これには「みやぎ環境税」の1200円というものが含まれています。

所得割は、所得の額に税率をかけて算出されます。

税率は、市区町村民税が6%、都道府県民税が4%で合計10%になっています（政令指定都市は8%、都道府県民税2%）。

ただし名古屋市は、ほかの政令指定都市よりも安く、8%ではなく7・7%となっており、均等割も2800円になっています。

また神奈川県は2017年から2021年まで所得割が4・025%となっていました。

## 健康保険料は自治体によって大きく違う

自治体によって異なるのは住民税だけじゃありません。国民健康保険料も自治体によって違います。これはかなり大きく違うのです。

国民健康保険は、サラリーマンが退職した後や、自営業者などが加入する健康保険です。

サラリーマンをしているときは、どこに住んでいてもだいたい同じ程度の税金、社会保険料を払っています。しかも特別な住民サービスを受ける機会もあまりないので、自治体のことはあまり気にしません。「便利で住みやすい場所であればそれでいい」と思っていたはずです。

しかし定年後は、自治体の良し悪しで生活がまったく違ってくるのです。

その最たるものが国民健康保険です。

サラリーマンは会社にいるときは、会社が「健康保険」に入っていたはずです。でも会社を辞めて、ほかの会社に就職しない場合は、「国民健康保険」に入らなくてはなりません。

あまり知られていませんが、この国民健康保険の保険料は自治体によってまったく違ってくるのです。サラリーマンの社会保険料がどこでもだいたい同じなので、国民健康保険もどこもだいたい同じと思っている人が多いようです。

国民健康保険料は、実はかなり複雑な算出方法を採っています。世帯割と呼ばれる一世帯あたり必ず払わなければならない部分や、一人あたり必ず払わなくてはならない部分、所得に応じて払わなければならない部分があり、それを合算するのです。

この計算方法が各自治体によってまったく違うため、人によって年間数万円や下手をすると数十万円もの違いが出てくるのです。

しかも単に高い安いだけではなく、家族構成によって高い安いが変わってくるのです。また自治体によって、老人が受けられる行政サービスもまったく違います。市内のバスの無料券をもらえたり、医療機関が非常に安く利用できるなど、行政サービスが充実しているところもあります。

またなるべくお金をかけないでレジャーを楽しむためには、図書館や公営のスポーツ施設などを上手に利用することが得策です。これらも自治体によって充実度がまったく違います。定年退職者向けの趣味の講座やサークルなどを広くやっている自治体もあります。

老後の生活を充実させるポイントの一つが自治体だといえるのです。

だから老後に住み替えを検討している人は、必ず検討材料の中に自治体の行政サービスも入れておくべきです。

## 都市計画税に気をつけよう

また自治体によっては、ほかの地域にはない税金を課していることもあります。

まず都市部に住んでいる人は「都市計画税」に気をつけなくてはなりません。

都市部では固定資産税に上乗せして都市計画税というものがあります。これは地域によって税率が違うのです。

この都市計画税は都市計画法の「市街化区域」にある土地、建物などに課せられるものです。これは使途に明確な目的を持つ「目的税」であり「公園・道路・下水道などの都市計画事業や土地区画整理事業に充てられること」になっています。

土地や建物の所有者にだけかかってくる税金ですが、住んでいる人は家賃にこの税金が含まれているので、実質的には都市部の住民はみな負担していることになります。

固定資産税は、税率が1・4％と固定されており、自治体によるばらつきはあまりないのですが、都市計画税は、各自治体によって税率などがかなり違ってきます。

都市計画税の税率は最高が0・3％となっていて、各自治体が0・3％の範囲内で自由に設定しています。

たとえば、東京23区の都市計画税の税率は0・3％ですが、隣接する千葉県松戸市の税率は0・23％となっています。同じく23区に隣接する千葉県船橋市の税率は0・3％です。

船橋市と松戸市は、同じ千葉県にあって都心へのアクセス時間もあまり変わりませんが、都市計画税の税率はかなり違うのです。そのせいもあってか、家賃相場は船橋市のほうが松戸市よりも1万円程度高くなっています。

これから都市部に住もうと思っている人は、都市計画税もチェックしたほうがいいかもしれません。

## 池袋のワンルームマンション税にも気をつけよう

東京都の豊島区には「ワンルームマンション税」があります。このワンルームマンション税とは、正式には狭小住戸集合住宅税と言い、ワンルームマンションを建設した場合に課される税金です。

豊島区では単身者ではなくファミリー層を増やしたいという思惑から、２００８年につくられたのです。

豊島区は、２０１４年に有識者でつくられる日本創成会議から東京23区で唯一「限界集落」とされ、２０４０年に消滅する可能性があると指摘されました。

限界集落とは、少子高齢化の加速などで自治体として維持できないほどの人口減に見舞われる地域のことです。地方の過疎地域などではなく東京23区内で「限界集落」の指摘を受けたので、かなり衝撃的なニュースとして取り上げられました。

豊島区は、日本有数の繁華街である「池袋」を擁した東京の中枢区の一つです。限界集落などとはもっとも遠い場所だと見られていました。限界集落というのは、人口動態だけではなくさまざまな条件を分析した上で認定されるものであり、明確に「2040年に消滅する」わけではありません。

しかし豊島区を限界集落と認定した日本創成会議は、日本のシンクタンクである公益財団法人「日本生産性本部」がつくったものです。民間の団体ではありますが、公的な性質も有しています。そういう団体から限界集落の認定をされたことで、豊島区の関係者も相当のショックを受けたようです。また限界集落の認定を受ける以前から、豊島区では人口問題に悩んでいました。

豊島区は、世帯の56%が単身という異常な「独身者集中地域」なのです。そして30㎡未満の狭い住宅（ワンルームマンションなど）が、全体の住宅の40%を占めていました。いずれも東京23区でワースト1位なのです。

狭い住宅が多いから単身者が多いのか、単身者が多いから狭い住宅が増えたのかはわかりませんが、とにかく豊島区は単身者が多い人口形態になっているのです。そのため、若い人は増えても子供は増えず、外国人や学生など「いずれ出ていく人」ばかりが住む場所となっているのです。

豊島区としては、区に定住する人を増やしたい。そのためには単身向け住宅を減らし、ファミリー向け住宅を増やしたい。ということで、ワンルームマンションを建設した際に税金をかけることにしたのです。

課税の基準は、30㎡未満の部屋を持つ集合住宅を建設した際に、部屋一戸あたり50万円を課すというものです。納税義務者は建築主です。

また8戸以下の集合住宅は免税となります。だからアパートなどは免税となる可能性が高く、必然的にワンルームマンションなどが主な課税対象になるわけです。

それにしても日本有数の繁華街である池袋がある自治体が限界集落の認定を受けるというのは、日本人としては非常に怖い気がしますね。日本の少子高齢化はここまで進んでしまったのか、と。

# 第3章

# 税務署員は全力で節税する

## 税務署員は税金を払いたがらない

税務署員のお金の貯め方で一般の人ともっとも違う部分は、ズバリ「節税」です。

税務署員は節税に躊躇《ちゅうちょ》しません。当然のことながら税務署員は税金に関する知識を一般の人よりも多く持っています。その知識を最大に動員して、少しでも税金を払わないための努力をしているのです。

「税金は国のため」

「納税は国民の義務」

などという意識は、税務署員にはありません。

この税務署員の納税意識の低さには、ざっくり言って二つの要因があります。

一つは、税金を納めても見返りがないことを知っていることです。現在の日本では、国民に多額の税金を課している割には、まったく行政サービスは貧しいものです。能登の地震のときに、街がいつまでも復旧されていないのをニュースで見たことがある人も多いはずです。同時期に大きな地震が起きた台湾では、またたく間に街が復旧されたのに、です。

日本のインフラ整備などは世界的に見ても劣っている部分が多く、地方の下水道などは、アフリカよりも普及率が低いところもあるのです。

その割に本州と四国の間に3本も橋がかけられたり、ほとんどの都道府県に空港が建設されたりしているのです。なぜ日本ではこのようなチグハグなインフラ整備になっているかというと、公共事業の大半が政治家と建設業者の利権となっているからなのです。力のある政治家が強引に公共事業を誘致し、自分を支持している建設業者に仕事を受注させる構図が完全にできあがっているのです。

地方に行くと、売上の100%が公共事業という建設業者が多々あり、そのほぼすべてが特定の政治家の支持者なのです。その構図を嫌というほど見てきた税務署員たちは、税金を払うことのバカバカしさを肌身で知っているのです。自分たちは税金で給料をもらっているにもかかわらず、です。

もう一つの理由は、税務署員は「サラリーマンは意外に節税策が多い」ことを知っているからです。サラリーマンの多くは、「自分たちは節税策などほとんどない」と思っています。しかし税務署員は、そうではないことを知っているのです。

「せっかく節税策があるのに使わないのはもったいない」

それが税務署員の本音なのです。

## 節税は「リスクがない財テク」

そして税務署員は「節税がもっとも効率のいい蓄財術」であることを知っています。なぜなら節税はまったく安全であり、やればやるほどお金が増えるだけでリスクがないからです。

お金を増やすために投資などに手を出そうとすると、大きなリスクが伴います。今の低金利時代では、定期預金などの利子はほぼゼロに近い。それに投資や預貯金をするには、自分の収入を割くことになるので生活レベルが下がってしまいます。

しかし節税をすれば、リスクもまったくなく、数万円程度のお金を稼ぐことができるのです。自分のお金を投資や預貯金に充てて「生活レベルを落とす」ようなこともしなくていいし、自分のお金が突然、大幅に目減りするリスクもないのです。

だから「お金を増やしたい」と思ったとき、まず手をつけるのは節税なのです。節税はまったくリスクのいらない、庶民にとって最強の財テクなのです。

「そうはいっても、自営業じゃなければ節税の余地がないじゃないか」と思われている方もけっこういるはずです。

が、自営業じゃなくても節税する方法は多々あるのです。

節税の最たるものが、「ふるさと納税」です。これは、自分が好きな自治体に寄付をした分、所得税、住民税が安くなる制度です。サラリーマンも、そうでない人も使える節税策です。そしてかなり大きな返礼品がもらえるのです。

## なぜ芸能人はふるさと納税をするのか？

税務署員の多くは「ふるさと納税」をしています。明確なデータがあるわけではありませんが、その割合は一般のサラリーマンの数倍になるでしょう。

また「ふるさと納税」をしている割合が高い職種がもう一つあります。それは芸能人です。芸能人は、当たり前のようにふるさと納税をしており、テレビでそういう話もよくしています。

たとえば、まだ若い乃木坂46などのいわゆる坂道グループのアイドルたちも、ふるさと納税をしているという話が普通に出てきます。アイドルというと、お金の話などはあまりしないものですが、ふるさと納税についてはよく話題にしています。彼女たちは、みんながみんなそれほど多くの収入を得ているわけではないようですが、多くの子がふるさと納税をしているようなのです。

彼女たちに限らず、芸能人はあまり売れていない人でもふるさと納税をしている人が多いようです。

ふるさと納税では、住民税の所得割をだいたい5万円以上払っている人であれば、得をします。だからほとんどのサラリーマンがメリットを享受できるはずなのです。しかし、まだそれほど普及していません。テレビCMなんかバンバン流れていますし、みんなやっているようなイメージがありますが、そうではないのです。

ふるさと納税の利用者は令和5年度で約891万人です。住民税所得割の納税者が約6000万人ですから、対象者の6〜7人に一人くらいしか利用していないのです。

ふるさと納税制度のメリットは、

「自分の好きな市区町村に寄付をすれば、その寄付額に応じて返礼品がもらえる」

「寄付金は所得税、住民税から控除されるので実質の負担額は2000円で済む」

このふるさと納税制度を具体的に言えば、自治体に寄付をすれば、所得税、住民税などが寄付金からマイナス2000円した額が控除されるというものです。

たとえば3万円寄付した場合、そのマイナス2000円、つまり2万8000円が控除されるのです。

だから実質的に寄付した金額は2000円なのです。

それに対して、おおむね1万円分くらいの返礼品がもらえるのです。つまりは、2000円を出して1万円のものが買えるのと同様なのです。

ふるさと納税額が大きければ、得をする金額も大きくなります。

## なぜサラリーマンはふるさと納税をしないのか？

このようにほとんどの人が得をする制度なのに、なぜ6～7人に一人しかしていないのでしょうか？

逆になぜ芸能人はみなふるさと納税をしているのでしょうか？

ここに現代の日本のサラリーマン制度の欠陥があるように筆者は思います。

今の日本は、収入の約半分が税金に取られているという、歴史的に見ても異常に高い税金の時代です。日本史を通じて一番高いかもしれません。

が、サラリーマンの場合、この税金の高さをあまり感じていないようなのです。

サラリーマンは、税金が天引きされています。昨今、多くのサラリーマンは、自分の手取り金額が少ないことに不満を持っています。

が、サラリーマンの多くは自分の手取り金額が少ない原因を知りません。そもそもの給料が少ないのか、取られる税金が大きいから手取りが少ないのか、わからないままただ手取りが少ないことだけに不満を持っているのです。

そのため手取りを多くして欲しいとは思っているけれど、「税金を安くしたい」という気持ちにはあまりならないのです。

しかし芸能人は原則として自分で確定申告をしているので、税金が高いことを肌身にしみて知っています。事務所からの給料制になっている芸能人もいますが、税務上は自営業者扱いになって確定申告をしている人も多いのです（社員という扱いになりサラリーマンと同様に源泉徴収で完了する人もいます）。

また芸能人の収入は一定ではありませんし、いつまで収入があるかもわかりません。だから収入に対しては、一般の人よりもずっとシビアです。

芸能人の多くがふるさと納税をしているのは、そういうことが要因だと思われます。


ふるさと納税で寄付できる額は、自分の住民税（所得割）の2割が上限となっており、
また返礼品は寄付した額の3割程度と決められています。

だからふるさと納税を最大限利用したとしても、自分の住民税6％程度が還元されるにすぎません。この6％をどう見るかということです。

「税金の6％が還元されるくらいなら、手続きが面倒だからしなくていい」

と考えるか、

「税金が6％も減るのであれば絶対やるべき」

と考えるか、です。

芸能人は後者のほうが多いということです。

総じて言えば「収入にシビアな人ほどふるさと納税をする傾向にある」わけです。

## ふるさと納税は何が得なのか？

この〝ふるさと納税制度〟、実はうまく使えば、非常に「実質的節税」になるのです。

「寄付した額から2000円差し引いた額が控除されるんだったら、2000円マイナスじゃないか、節税にはならないじゃないか」

と思う人もいるでしょう。

が、ふるさと納税制度には裏メリットがあるのです。ふるさと納税制度を利用して、自治体に寄付をした場合、自治体側が御礼として特産品を贈ることがあるのです。

そしてその返礼品の多くが、2000円を大きく上回るものです。

「2000円を大きく上回る返礼品」は、日本中の市区町村が行っているのです。

しかも各自治体はさまざまな特産品を用意しています。肉、魚、米、野菜、地酒、うどん、ジャムなどの食料品から温泉の入浴券、レストランの食事券など、誰もが何かしら欲しいものが用意されています。

自治体のホームページなどを見れば、それを確認することができます。

また最近では、ふるさと納税の特産品を集めたサイトも多々あります。そういうサイトを見ながら、自治体に寄付をすればいいのです。

このふるさと納税制度には、さらに美味しい裏ワザがあります。ふるさと納税は複数の自治体にすることができるので、複数の自治体に1万円ずつ寄付すれば、実質負担2000円で、各自治体の特産品をもらいまくることができるのです。

## ふるさと納税は限度額に注意

ふるさと納税の寄付額は2万円に限りません。5万円寄付してもいいし、6万円寄付してもいいのです。5万円寄付しても、6万円寄付しても税金の還付がありますので、実質負担金は2000円なのです。

5万円寄付すれば2万5000円分の特産品がもらえるし、6万円寄付すれば3万円相当の特産品がもらえるのです。

ただし、ふるさと納税制度では還付金に限度額があります。

還付される税金は、住民税の所得割の2割が限度となっているのです。だから、いくら寄付しても、住民税所得割の2割以上は還ってこないのです。

それを超えて寄付をすると所得税、住民税の控除がされないので「本当の寄付金」となってしまい、負担が増えます。

だから寄付する額は、「所得税、住民税が控除される上限額」に抑えることが肝要です。その点に注意をしなければなりません。自分の住民税の所得割は、市区町村に問い合わせればわかります。

## 「税金のことは会社が全部やってくれる」わけではない!

前項ではふるさと納税をご紹介しましたが、この項からそれ以外の節税方法についてご紹介していきます。前に述べたように節税は「まったくリスクのない財テク」です。

サラリーマンは、「節税したくてもできない」と思っている人も多いようです。が、その考えは間違っています。

サラリーマンの多くは、「税金のことは会社がすべてやってくれている」と思っています。確かにサラリーマンの税金は、会社の源泉徴収だけで完結することがほとんどです。が、会社は節税に関しては最低限度のことしかやってくれません。積極的に「こういう節税策をしたらどう？」などとサラリーマンに助言することなどないのです。

あまり知られていませんが、ふるさと納税以外にも節税方法はたくさんあります。

所得税、住民税には「所得控除」というものがあります。

所得控除とは、家族を養っていたり、医療費がたくさんかかった人などのために、「税金の対象となる所得を減額してあげましょう」という制度です。たとえば家族を扶養している人が受けられる「扶養控除」、生命保険に加入している人が受けられる「生命保険控除」などです。

収入からさまざまな所得控除額を差し引いた残額が課税対象となるのです。

だから所得控除を増やせば税金は安くなるのです。この所得控除には、いろいろなものがあります。そして世間にはほとんど知られていない所得控除や、裏ワザ的なものもたくさんあるのです。

## 誤解だらけの「扶養控除」

まず最初に知っておいていただきたいのが「扶養控除」です。

扶養控除とは、家族を扶養している場合に、その扶養している人数に応じて受けられる所得控除です。扶養している親族一人あたり38万円を所得から控除できます（扶養親族の年齢により若干の上乗せがあります）。

38万円の所得控除というと、けっこう大きい金額です。

所得税率が10％の人の場合は、扶養控除金額につき3万8000円の節税になります。これに住民税の分が加わりますので、合計7万1000円の節税になります。所得税率20％の人ならば、11万円程度の節税になります。

つまり扶養控除を一人増やせば、だいたい7万円以上もの節税になるのです。

そしてこの扶養控除というのは、実は非常に範囲が広いのです。税法では扶養控除に入れられる家族は、6親等以内の血族もしくは3親等以内の姻族となっています。

そして扶養控除に入れられる家族は「扶養していること」「生計を一にしていること」「扶

養対象者に所得がないこと」が条件になっています。

でも、この「扶養していること」というのは税法上、具体的な定義はありません。「金銭的にいくら以上、援助していれば扶養していること」などの縛りはないのです。だから面倒を見ていれば扶養しているとなるのです。

たとえば、別居している親を扶養に入れることもできます。世間では、扶養控除というと「同居している家族のみが対象になる」と思っている人も多いようですが、実はそうではないのです。離れて暮らしていても、扶養控除の要件を満たしていれば扶養家族にすることができるのです。

扶養控除には、わざわざ「同居老親等」という特別枠が設けられています。「同居老親等」とは、70歳以上の親と同居している場合なら、普通の扶養控除よりも20万円上乗せの扶養控除を認めるという制度です。

「扶養控除では同居老親等に上乗せ額がある」ことは、逆に言えば別居していても扶養に入れることができるということでもあります。

別居している親を自分の扶養に入れている人はいくらでもいるし、税務署がそれをとがめることもほとんどありません。

というより税務署員自体が、この扶養控除を最大限に活用しています。税務署員の周囲に、誰の扶養にも入っていない親族がいれば、自分の扶養に入れてしまっているケースは非常に多いのです。

「生計を一にすること」という定義も、かなりあいまいなものです。いくら以上のお金を出していなければならないという法的な定めはないのです。

実際にほとんど金銭的な援助などを行っていないのに、「扶養」としているケースもかなりあります。それは極端な例としても扶養対象者に多少の援助をしていて、いざというときに面倒を見なければならない立場であれば、充分に扶養控除に入れる資格はあるといえるのです。

自分の両親が無収入で誰の扶養にも入っていないのであれば、自分の扶養に入れて控除を受けることが可能なのです。

たとえば親は老人ホームに入っていて、入所料はほぼ年金で賄えるけれど、親のお金の管理はすべて自分が行い、年金で足りない分を補っている。そういう場合も、親を扶養に入れる資格は十分にあるといえます。

## 無職の夫を妻の扶養に入れることもできる

また一旦、家を出て成人した子供が、実家に戻ってきてフリーターをしている場合も、扶養に入れることができます。成人して働いていても、所得が48万円以下（給与所得の場合103万円以下）ならば入れられるのです。

また夫が先に定年になり無職状態になって、妻だけが働いている場合も、夫を扶養に入れましょう。

配偶者を扶養している場合は、扶養控除ではなく、「配偶者控除」というものが受けられます。誤解されることも多いのですが、配偶者控除、配偶者特別控除は、夫が妻を扶養しているときだけに受けられるものではありません。妻が働き、夫が主夫をしている場合も受けられるのです。自分の社会保険にも夫を扶養に入れるべきでしょう。

## 医療費控除を使いこなそう！

前項までに、自営業じゃない人でもけっこう節税ができるとお話ししてきました。この項からは、普通の人ができるもっとも簡単な節税方法をご紹介したいと思います。

誰もができる節税策の代表的なものに、「医療費控除」があります。

年末のビジネス誌などで時々、特集されたりしていますので聞いたことがある方も多いでしょう。

医療費控除は、対象範囲が広いので誰にでも簡単にできるものなのです。そして医療費控除は、ほとんどの方が少額であっても税金還付になるのです。

医療費控除は、簡単に言えば、年間10万円以上の医療費を支払っていれば、若干の税金が戻ってくる制度です（本当はもう少し複雑な計算があります、詳細は後述）。

そして医療費の領収書さえ残しておけば、誰でも医療費控除の申告をすることができます。だから、やろうと思えば、今日からでもできるのです。

しかも病院での治療費、入院費のみならず、通院での交通費、薬屋さんで買った市販薬、場合によっては、ビタミン剤、栄養ドリンク、あん摩、マッサージなども含まれるのです。

また昨今、はやりの禁煙治療、ＥＤ治療などの費用も医療費控除の対象になるのです。

そういうものを全部足したら、だいたい誰でも年間10万円くらいにはなるでしょう？

また医療費控除には他にも、いろんな裏ワザがあるのです。場合によっては温泉療養、スポーツジムの会費なども医療費控除とすることもできるのです。

これを知っているのと知らないのとでは、大違いなのです。

## 普通の家庭でも3～4万円の税金還付がある！

まずは医療費控除の仕組みについて、簡単にご説明しておきましょう。

医療費控除とは、その年において多額の医療費を支払った場合に、その支払った医療費のうち一定の金額をその年の所得金額から控除できるものです。

医療費控除の計算は以下の通りです。

その年に支払った医療費（保険金等で戻った金額を除く）－10万円（注）

＝医療費控除額（最高200万円）

（注）10万円または所得金額の5％いずれか少ない金額となります。

たとえば、年収500万円の人がいたとします。この人（家庭）の年間の医療費が30万円かかったとします。

となると、30万円から10万円を差し引いた残額20万円が医療費控除額となります。課税対象となる所得から20万円を差し引くことができるのです。そしてこれに税率をかけた分が還付されます。この人の場合だと、所得税、住民税合わせてだいたい3～4万円が還付されると思ってください。

普通の家庭でも年間30万円くらいの医療費を普通に使っているものです。それを申告すれば3～4万円が戻ってくるのです。つまりは、普通の家庭が普通に申告すれば、3～4万円が還付になるのです。

## 医療費控除の対象となる市販薬、対象とならない市販薬

医療費控除の額を増やそうと思えば、まず重要ポイントとなるのが市販薬です。病院に行かない人でも、市販薬はけっこう購入しているものです。風邪薬、目薬、湿布など、健康な人でも何かしら購入しているものでしょう？

この市販薬を医療費控除として申告できれば、医療費控除の金額はグンと引き上がるはずです。

ですが、市販薬の場合、医療費控除の対象となるケースとならないケースがあります。その違いは何なのかを簡単に言えば「治療に関するものかどうか」ということです。「治療に関するもの」とは、怪我や病気をしたり、体の具合が悪かったりして、それを「治す」ために買ったものであれば、医療費控除の対象となるということです。医者の処方のない市販薬でも大丈夫です。

一方、「治療に関するものでないもの」とは、予防のためや置き薬のために買ったものなのです。つまり具体的な病気、怪我の症状があって、それを治すために買ったものであ

ればＯＫ、そうじゃない場合はダメということです。

でも予防か治療かの判別は、曖昧な部分でもあります。

たとえば、「ちょっと風邪気味だなあ、薬でも飲んでおくか」と思って市販薬を購入した場合。これは予防なのか、治療なのか、判別は難しいところです。

こういうときは、どう判断すればいいのでしょうか？

有体に言えば、自分が「治療だと思えば治療」になり、「予防だと思えば予防」になるのです。日本の税制では、「申告納税制度」というシステムを採用しています。これは、税金は納税者が自分で申告し、自分で納める制度です。この申告納税制度のもとでは、納税者が申告した内容について明らかな間違いがなければ、申告をそのまま認めることになっています。

だから医療費控除の場合も、本人が治療のためと思って購入した市販薬については、税務当局が「それは治療ではなく予防のためのものだ」と証明できない限り治療のために購入したとして認められるのです。

もちろん、これは治療か予防か、曖昧なものに限られます。明らかに予防のために購入したことが客観的にわかるものを「これは治療のために買った」と言い張っても、それは通りませんので、ご注意ください。

## サプリ、栄養ドリンクも医療費控除の対象になる

前項では、「だいたい年間10万円以上、医療費がかかれば医療費控除が受けられ税金還付になる可能性がある」、「医療費控除の対象となる医療費の範囲はけっこう広い」ことをお話ししました。これから、その具体的なものをご紹介していきたいと思います。

あまり知られていませんが、ビタミン剤などのサプリや栄養ドリンクも、一定の条件を満たしていれば医療費控除の対象となります。

ビタミン剤や栄養ドリンクも、病気などの治療に効果がある場合もあります。

ビタミン剤や栄養ドリンクを医療費控除に含めることができれば、医療費控除の額はかなり増加するのではないでしょうか?

「病院にも行かない、薬も買わない」

という人でも、ビタミン剤や栄養ドリンクを買うことは、けっこうあるでしょう。なので医療費控除の申告をする際には、ぜひビタミン剤、栄養ドリンクを対象に含める術を会

得していただきたいものです。

ビタミン剤、栄養ドリンクなどを医療費控除に含めるための一定の条件というのは、次の二つです。

**・何かの体の不具合症状を改善するためのものであること**

**・医薬品であること**

つまりは、体がどこも悪くないけれど、とりあえず飲んでおこうレベルのビタミン剤、栄養ドリンクはダメだということです。

どこか具合が悪いところがあって、それを改善するために飲むのがまず原則です。これには医者の処方せんなどは必要ありません。

まあ、ビタミン剤や栄養ドリンクを飲むときとは、体がどこか悪いときですからね。だからビタミン剤や栄養ドリンクもかなりの範囲で、医療費控除の対象になるのです。

気をつけなくてはならないのが、ビタミン剤や栄養ドリンクは医薬品じゃなくてはならないことです。ビタミン剤や栄養ドリンクも種類は多々ありますが、医薬品になっていないものは対象とならないのです。ビタミン剤や栄養ドリンクを買う際には、医薬品かどうかをチェックしておくのがいいかもしれません。

## あん摩、マッサージ、鍼灸も医療費控除の対象になる！

これも、あまり知られていませんが、あん摩、マッサージ、鍼灸《しんきゅう》などの代金も一定の条件を満たせば、医療費控除の対象になります。

最近ではパソコンのデスクワークも多く、眼精疲労などであん摩、マッサージなどを利用する方も増えているようです。最近、マッサージ店などは非常に増加していますからね。

でもあん摩とかマッサージってけっこうお金がかかります。だいたい10分に1000円と言われているので、1時間マッサージをしてもらえば6000円くらいになるわけです。

これが、もし医療費控除の対象になれば、サラリーマンにとって非常にありがたいわけです。

ただしあん摩、マッサージ、鍼灸などを医療費控除とするには、次の二つの条件を満たしておかなければなりません。

・何かの体の不具合症状を改善するためのものであること
・公的な資格などを持つ整体師、鍼灸師などの施術であることこれも栄養ドリンクなどと同じように、「体がどこも悪くないけれど、とりあえずマッサージしてもらおう」ではダメだということです。どこか具合が悪いところがあって、それを改善するために施術を受けるのが原則です。

またどこの店でもいいわけではなく、ちゃんと公的な資格をもった整体師、鍼灸師などの施術じゃないとダメです。公的な資格を持った整体師、鍼灸師などの店かどうかは、事前にホームページなどで確認しておきましょう。

## 不妊治療、ED治療費も医療費控除の対象となる！

さらに不妊治療にかかった費用も医療費控除の対象になります。

不妊治療はけっこう高い費用がかかる上に、社会保険が適用されないものが多いので、医療費控除はきっちり受けたいものです。

人工授精・体外受精・顕微授精の治療費全般（卵子・精子の凍結保存料や採卵にかかる費用等）も対象となります。

またED治療費も対象となります。

最近は、若い人でもEDになってしまう人が多いようです。

ご存知の方も多いようですが、このED、病院で治療も受けられます。治療を受けてみたいと思っている方は、潜在的にけっこういるのではないでしょうか？

そして、このED治療に関してかかった費用は、医療費控除の対象となるのです。

このことは、実はほとんど広報されていません。確定申告のマニュアル書などでも、これが記載されているのは見たことがありません。また国税のホームページなどにも載っていません。

EDは、医療関係的には病気として扱われ、治療の対象となっているので医療費控除の対象になるわけです。これは筆者の勝手な解釈ではなく、東京国税局の村井相談官に確認済のことですので間違いありません。

ED治療もけっこうなお金が必要なようですが、医療費控除の申告をすれば若干でもそれが取り戻せるわけです。ED治療を受けられた方、これから受けようと思っておられる方、ぜひ医療費控除を忘れずに。

## レーザー治療も医療費控除の対象になる

前項まで、おおむね10万円以上の医療費がかかれば税金が還付になる医療費控除のお話をしました。が、もう少しこの話を続けさせてください。医療費控除の対象となるものの中には、意外なものもけっこうあります。それらをいくつかご紹介します。

まず視力回復のためのレーザー治療。これも実は医療費控除の対象になります。レーザー治療って、かなりお金がかかりますよね？　でも、これは全額が医療費控除の対象となるのです。

また最近、オルソケラトロジー治療（角膜矯正療法）という近視改善の治療法があります。一定期間、特殊なコンタクトレンズを装用して、近視などを治す治療法です。

これも医療費控除の対象となるのです。このオルソケラトロジー治療もかなりお金がかかりますが、医療費控除ＯＫなのです。

その一方で普通のメガネやコンタクトレンズは、医療費控除の対象にならないのです。なんか、おかしな話ではあります。

メガネやコンタクトレンズって近視の人にとっては、それがなくては日常生活ができないものであり、いわば足が不自由な人の車いすと同じようなものですよね？

でもメガネやコンタクトレンズは、医療費控除の対象にならないのです。これを対象に含めてしまうと、医療費控除の額が大きくなりすぎて税収が下がってしまうので、税務当局は認めないのです。

レーザー治療や、オルソケラトロジー治療を受けられるお金持ちは医療費控除が受けられるのに、そういうお金がなくてメガネやコンタクトを使っている人は医療費控除が受けられないのです。不公平な話です。

一応、これらを整理します。

**近視等のレーザー治療**…医療費控除の対象になる
**近視等のオルソケラトロジー治療**…医療費控除の対象になる
**メガネ、コンタクト**…医療費控除の対象にはならない

## セラミック歯、子供の歯の矯正も医療費控除の対象となる

歯の治療費も原則として医療費控除の対象になります。そして歯の治療費の場合、社会保険の対象外のものでも医療費控除の対象になるものがあるのです。

虫歯の治療のときに、銀歯は健康保険の対象となります。でもセラミックは健康保険の対象となりません。セラミックは、銀歯と比べてかなり高額であり、美容の意味合いがあるので、健康保険の対象とはなっていないとされています。

しかしセラミックは健康保険の対象にはなっていなくても、医療費控除の対象にはなっているのです。

治療ではなく美容のための医療行為は、原則として医療費控除の対象にはならないはずなのですが、歯の場合は例外になっているのです。なぜそうなっているのか、筆者にはわかりません。が、せっかくなので、対象となる方は使わない手はないでしょう。

ただ歯科医療でも、医療費控除の対象とならないものもあります。

それは、「ホワイトニング」や「大人の歯の矯正」です。これは医療行為ではなく、美

容のためとみなされて、医療費控除の対象とならないのです。

しかし子供の歯の矯正は、医療費控除の対象となるのです。歯の噛み合わせを治すのは、子供のみ医療行為となっているのです。この場合は、歯の不正咬合によって体調などに影響が出るとなっているようで、歯の矯正は治療の一環として認められるのです。

歯の矯正は、非常にお金がかかるものです。なので、いつか矯正したいと思っているならば、子供のうちに矯正をしておけば、将来のためにもなるし、節税にもなるのです。

歯科医療についても、まとめておきます。

**虫歯の治療**（**銀歯**）…医療費控除の対象となる
**虫歯の治療**（**セラミック等、健康保険適用外のもの**）…医療費控除の対象となる
**ホワイトニング**…医療費控除の対象とならない
**歯の矯正**（**大人**）…医療費控除の対象とならない
**歯の矯正**（**子供**）…医療費控除の対象となる

## 禁煙治療も医療費控除の対象となる！

昨今では社会的、国際的に禁煙の風潮が高まっていて、スモーカーの皆さんにとっては受難の時代です。公共施設はおろか、商業施設のほとんどで原則禁煙となってしまいました。会社でも大半は禁煙になっていますよね。

一部の病院では禁煙治療も始めました。

喫煙を一種の「ニコチン中毒」とみなし、それを治療しようというわけです。

この禁煙治療って、けっこうお金がかかります。数万円から数十万円かかるケースもあるようです。

そしてあまり知られていませんが、この禁煙治療にかかった費用も医療費控除の対象になるのです。これは今までの税金のマニュアル本などにもあまり書かれていません。

だから知らない方も多いはずです。が、病院で禁煙治療をした人は、忘れずに医療費控除をしてください。

また禁煙ガムなどの禁煙補助用品も医薬品であれば、医療費控除の対象になります。

## ちょっとした災害でも雑損控除が受けられる

所得控除の中には、雑損控除というものもあります。

雑損控除とは、自然災害にあったり、盗難などにあったときに受けられる所得控除の制度です。

ざっくり言えば、自然災害や盗難などで所得の10分の1以上か、5万円以上の被害があれば、それを超えた分を所得から控除できるのです。

実はこの雑損控除は対象者がかなり広いのですが、「対象となっているのに受けていない人」が非常に多いのです。

大雨や台風、大雪などで家の一部などが壊れて、それを修繕した場合も対象になります。台風に備えて、土嚢《どのう》やスコップなどを購入した場合、その購入費も対象になります。

家に浸水などしていなくても、「塀が壊れた」「ガレージが水浸しになった」「水道が壊れた」「車が壊れた」などの修復に費用がかかった場合も対象になります。

また修繕をしていなくても実際に被害にあって、損害を受けていれば控除の対象になります。

自然災害などの修繕費用は、災害の日から1年以内に修繕したものでなければなりません（災害の状況などでやむを得ない事情があれば3年以内までＯＫ）。

雑損控除の場合、損失額が大きくて、その年の所得金額から控除しきれない場合には、申告を要件に翌年以後3年間の繰越控除が認められています。だから台風、地震などの災害にあった場合、その年だけでなく3年分の税金が安くなるのです。

## 盗難被害、害虫駆除、雪下ろし費用も対象になる

「雑損控除」は盗難にあった場合も対象になります。

これは家に泥棒が入ったときだけじゃなく、スリや置き引きなどで被害を受けた人も対象になります。

ただし、詐欺の被害は対象になりません。なぜ盗難被害は対象になるのに、詐欺の被害は対象にならないのか、筆者にはわかりません。詐欺は、自分の判断で騙されているわけなので、自分の責任もあるということなのでしょうか？　オレオレ詐欺などにはくれぐれ

も注意してください。

雑損控除の場合には、あまり知られていない裏ワザがあります。シロアリ退治や豪雪地帯の雪下ろしの費用も対象となるのです。

シロアリ退治をして5万円以上かかった人や、豪雪地帯で雪下ろしの費用が5万円以上かかった人は、5万円を超える部分が所得から差し引けるわけです。

シロアリを駆除する人ってけっこういますよね？

しかもけっこうお金がかかりますよね？

雑損控除にできるのですから、使わない手はないのです。

シロアリ駆除をした人や、寒冷地で雪下ろしにお金がかかった人は、ぜひ忘れずに利用するべきでしょう。

また「シロアリ駆除」だけじゃなく、「スズメバチ駆除」なども対象となります。というより、害虫や害獣全般が対象になります。クマが出る地域で、クマ対策にお金がかかれば、それも当然対象となります。さらにハトの糞《ふん》で悩まされている人がその対策を行った費用、鹿の被害に遭っている人なども対象になります。

## 雑損控除を受けるための手続き

盗難などでこの雑損控除を受ける場合は、警察からもらう「被害証明書」、自然災害の場合は、修繕費などの領収書が必要となります。

都道府県によっては、警察の被害証明書を出してくれないところもあります。その際には受理番号などを教えてくれますので、それを控えておいてください。

また、この雑損控除は、サラリーマンは会社に申請してもダメで、自分で申告しなければなりません。

被害状況等の資料を持っていけば、税務署で簡単に申告できます。

税務署に行く前に、必要な資料などを問い合わせておきましょう。また計算方法などに不明な点がある場

### 雑損控除の計算方法

①損失額-所得金額の10分の1

②損失額のうち災害関連支出

（原状回復のための修繕費など）－5万円

① ②のうち多いほうの金額が、雑損控除の額

（注１）損失金額とは損失の金額から保険金などによって補塡される金額を控除した金額です。

（注２）所得の金額とは給与所得者の場合、源泉徴収票の給与所得控除後の金額の欄に記載してある金額のことです。なお所得金額の10分の1とは、この金額以下の損失は認めないということです。

合、税務署で自分の被害状況などを話して計算してもらいましょう。

## 年金の確定申告不要制度の落とし穴

平成23年度から、公的年金の年間支給額が400万円以下の人は、確定申告の必要がなくなりました。これは、公的年金の年間支給額が400万円以下で他に収入がないならば、もし確定申告の必要があったとしても、確定申告をしなくていい制度です。

年金暮らしの高齢者にとって確定申告はわずらわしいものなので、これは一見、高齢者のためを思った制度のように見えます。

が、実は、この制度には落とし穴があります。というのは、年間支給額が400万円以下の年金生活者の場合、まず税金はほとんどかかりません。にもかかわらず公的年金は源泉徴収されていることが多いのです。つまり、そういう人たちは「税金を納めすぎの状態」になっているのです。本来、そういう人たちは確定申告をすることにより、税金の還付を受けることができました。

65歳以上で年間180万円の公的年金をもらっている人の場合で計算してみましょう。

65歳以上で年間180万円の年金支給に対しては、年金控除額が120万円ありますので、年金での所得は60万円ということになります。そして基礎控除や社会保険料控除などを控除すると、普通は課税所得はゼロになります。つまり税金はかかってこないのです。

年間180万円の年金というと、かなり多くの人が該当する受給額です。つまりかなり多くの年金生活者が、本来なら税金はほとんどかかってこないのです。

しかし65歳以上で年金支給額が年間158万円を超えると、所得税が源泉徴収されます。源泉徴収される額は、扶養家族などの状況によって変わりますが、年間180万円程度の受給額であれば、多いときには数万円の源泉徴収をされることもあります。

ということは、本来は税金を払う必要のない人から源泉徴収しているということです。

## 申告しなければ納めすぎのままになる

そして、この人が確定申告をしなかったら、どうなるでしょう？

源泉徴収された税金は、戻ってこずに取られっ放しとなるのです。

だから年金受給額が年間400万円以下の人は、確定申告に行ったほうがいいケースが多いのです。年金生活者の確定申告は非常に簡単です。年金事務所から送られてくる源泉徴収票と印鑑を持っていけば、後は税務署員の指示に従って申告書を記入すればいいだけなのです。

ただし年金受給額400万円以下の人が必ずしも、税金還付になるとは限りません。扶養家族などがいて、源泉徴収されていないケースもあります。

どういう人が源泉徴収されていないのか、簡単にチェックする方法をご紹介しますね。年金事務所から送られてくる源泉徴収票の中に、「源泉徴収額」という欄があります。この欄に数字の記載があれば、源泉徴収されているということです。そういう人は、ほとんどの場合、税金が還付になります。

たとえ数千円であっても税務署に行くだけでもらえるお金なので、もらっておいて損はないはずです。

そして「源泉徴収額」という欄に数字の記載がなかったり、ゼロが記載されている場合は、税金の還付はありませんので税務署に行く必

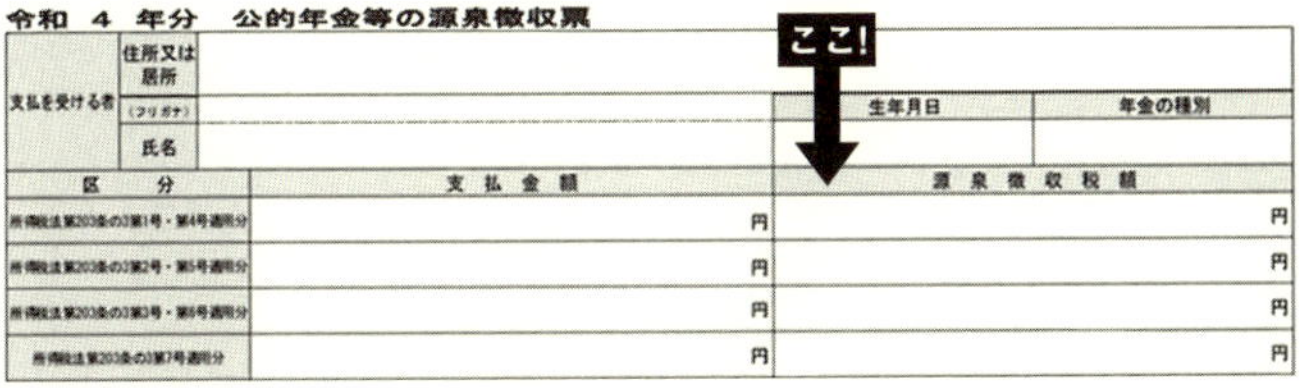


令和 4 年分 公的年金等の源泉徴収票

| | | | | |
|---|---|---|---|---|
| 支払を受ける者 | 住所又は居所 | | | |
| | (フリガナ) | | 生年月日 | 年金の種別 |
| | 氏名 | | | |
| 区分 | | 支払金額 | 源泉徴収税額 | |
| 所得税法第203条の3第1号・第4号適用分 | | 円 | 円 | |
| 所得税法第203条の3第2号・第5号適用分 | | 円 | 円 | |
| 所得税法第203条の3第3号・第6号適用分 | | 円 | 円 | |
| 所得税法第203条の3第7号適用分 | | 円 | 円 | |

要はありません。

## 退職時や転職時の税金の還付漏れは非常に多い！

前項では、「公的年金の確定申告はしなくてもいいことになっているけれど、しないと損をするケースが多い」とご紹介しました。

この項では退職をしたり、仕事が変わったときに、「しないと損する税金の手続き」についてご紹介したいと思います。

会社を定年退職したり、再就職した会社を辞めたり、会社を変わったりした場合、適切な税金の手続きをとらないと損をしていることが非常に多いのです。

会社を定年退職するときなどには、ほとんどの会社で「退職金の税金はすべて完結しているので、何も手続きは必要ない」という説明がされると思います。

だから世間の多くの人は、「退職時には税金の手続きは必要ない」と思っているようです。

そのため、税金の還付漏れになっているケースが多々見られるのです。

なぜそういうことになっているのか、順に説明しましょう。

実は退職時に完結しているのは、「退職金の税金」だけなのです。

しかし退職した年に会社からもらう報酬は「退職金」だけではありません。その年も給料をもらっているのです。

この「退職した年の給料の税金」の手続きをし忘れているケースが非常に多いのです。しかも、この手続きは還付になるケースが大半なのです。つまりは、還付をし忘れているケースが多くなっているわけです。

サラリーマンは、毎月の給料から源泉徴収されています。これは確定した額を引いているのではなく、このくらいの収入の人は、だいたいこのくらいの税金になるだろうという見越しでつくられた「税額表」をもとにして引かれているのです。

しかし、この「税額表」に表示されている源泉徴収額は、実際の税額よりも多くなりがちなのです。この税額表は、後で税金の取りはぐれがないように少し多めに設定されているのです。そして取りすぎた分は、年末の「年末調整」で返すことになっているのです。

たとえば3月31日付で退職した人が、その年は再就職していなかったとします。1月から3月までは、毎月40万円の給料をもらっていました。扶養しているのは奥さんだけです。この人は毎月だいたい2万円程度を源泉徴収されています。ということは、3月までに6

万円程度を源泉徴収されていることになります。

この年の給料は120万円程度なので、本来は税金はかかってこないはずです。この人は退職金ももらっていますが、退職金の税金は別に計算されるので、この年の収入はあくまで給料でもらった120万円だけとなるのです。にもかかわらず、6万円も税金が徴収されているのです。

なんでこんなにたくさん源泉徴収されているかというと、毎月源泉徴収される金額は、1年間ずっとその給料がもらえると仮定して決められているからです。つまり、この人の場合だと、月40万円を1年間だから、年間480万円の収入になるだろうと仮定して、毎月の源泉徴収額が定められているのです。

## 年末調整をしていない人は税金還付の可能性が高い

このようにサラリーマンの毎月の源泉徴収額は、取りすぎている場合が多いのです。そして取りすぎた税金は、「年末調整」によって清算されます。なので、退職したり会社を変わったりして「年末調整」をしていない人は、税金を払いすぎになっている可能性が高いのです。つまり定年退職であっても、再就職するための退職であっても、退職した人は、「年末調整をしていない状態」になっているのです（年末に退職した人を除いて）。

退職したその年のうちに再就職していない人は、多かれ少なかれほとんどがこのケースです。

この場合、どうすればいいかというと、確定申告をすればいいのです。その方法は簡単です。源泉徴収票を税務署に持っていって、「年末調整をしていないので、確定申告をしたい」と言えば、税務署員が手続きをしてくれます。たったそれだけの手続きで、多ければ数万円単位の税金が還付になってくるのです。


しかし、さらにややこしいことに、この退職年の給料の手続きは、誰もが「漏れ」になっているとは限らないのです。退職した年に別の会社などに再就職し、再就職先で、「年間を通した年末調整をしてくれている場合」は、この手続きは必要ないのです。

なんだかややこしい話ですが、大事なことなので頑張って理解してください。

再就職した場合、だいたい再就職先で年末調整がされます。それで払いすぎている税金の還付を受けることができるのです。だから、この場合は、自分で確定申告をする必要はありません。

が、それも再就職先の実情によって若干違ってくるのです。

再就職した場合は、1年間に2か所以上の職場から給料をもらっていることになりますので、本来なら両方の職場での給料を通算して、年末調整をしなくてはなりません。

しかし会社によっては、そんな面倒なことはせずに、自分の会社が払った給料分のみで年末調整をすることもあります。そういう場合、前の会社で源泉徴収されている分については放置されていますので、両方の給料を通算した「年末調整」が必要になります。

前の会社の分と通算されているかどうかは、源泉徴収票を見ればわかります。給与の総額が、前の会社の分も加算されていればＯＫ、再就職先の会社の分だけしか記載されていなければ還付となるのです。

もし、わからなければ、再就職先の会社に尋ねてみてください。

「前の会社の分も通算して、年末調整されていますか」と。そうすれば、教えてくれるはずです。

## アルバイトをしている人も要注意

昨今ではフリーターや、定年退職した後に再就職はせずに軽いアルバイト程度の仕事をしている人も多いでしょう。こういう人たちも税金に関して注意しなければなりません。というのは、アルバイトの場合、年末調整をしていないことが多い、つまり税金を払いすぎになっていることが多いのです。

特にアルバイト先で社会保険に入っていない場合は、要注意です。

年末調整されていないことが多いですし、また年末調整がされていても社会保険料控除がされていませんので、還付申告をすれば必ず税金が戻ってきます。

アルバイト先が年末調整をしているかどうかは、源泉徴収票を見ればすぐにわかります。年末調整をしていない源泉徴収票は、「支払い総額」の欄と、「源泉徴収額」の欄しか記載がないからです。

また「社会保険料控除」や「生命保険料控除」の欄に記載がない源泉徴収票は、年末調整されていたとしても、税金を払いすぎの状態になっていますので、確定申告をすれば税金が還付されます。

確定申告の方法は簡単です。

退職した会社の源泉徴収票と、アルバイト先からもらった源泉徴収票、会社を退職した後の社会保険料の領収書を税務署に持っていけばいいだけです（必要書類は、あらかじめ税務署に問い合わせてください）。

あとは税務署員に「会社を辞めたあと、アルバイトをしていて年末調整をしていないみたいなんです」と言えば、確定申告書をつくってくれます。

年間１００万円〜２００万円程度のアルバイト収入であれば、大方の場合、税金はほとんど還ってきます。多ければ2万円程度の税金が戻ってくるのです。定年後の2万円は、かなり大きいはずです。確定申告の方法は、アルバイト先の源泉徴収票と、社会保険料の領収書を税務署に持っていけばいいだけです。たったそれだけのことで2万円ももらえるのだから、しない手はありません。

また、もし税金が取られすぎになっている場合、そのまま放置していても自動的に還付されることは絶対にありません。税金の取られすぎは、原則として自分が申告しなければ戻ってこないのです。

# 第4章

# 税務署員の手堅い投資術

## 普通の人が株で儲けられない仕組み

税務署員というのは、株の売買やFXなどはあまりやりません。なぜなら株の売買やFXで儲けることは、非常に難しいことをデータ的に知っているからです。

また株で儲けるには、ある程度の資金力が必要になります。

アベノミクスで株が上がったときに儲かった人もけっこういると言われています。

第二次安倍内閣が誕生した2012年12月時点では、日経平均株価は8000円台でしたが、現在では3万円前後になっています。実に3倍以上の株価上昇です。

だから単純計算では、2012年12月時点で株を持っていた人は現在、その価値は3倍になっているのです。

こういう話を聞くと、「株は持っているだけで3倍以上になるのか」と思ってしまう人もいるようです。が、アベノミクスで儲かった人は、昔から株を持っていた人です。最近、株を始めた人の大半は儲かってはいません。

というのも昨今、米中対立や新型コロナなどで株価は乱高下しています。そして株価が乱高下すると、素人や資金力のない人はどうしても損をしてしまうのです。

資金力のない普通の人が、株で大損するときの王道パターンがあります。それは、株価が大きく下落し損失が膨らんだために、その損を我慢できなくなり、株を手放してしまうパターンです。

株価は、一般の人が思っている以上に激しい上下があります。20～30％くらいの上下はごく普通にあるのです。

たとえば、日本最大の企業であるトヨタ自動車の株を見てみましょう。

トヨタ自動車は、2024年の1年間だけで高いときは1株3891円の値をつけていますが、安いときには2183円まで落ち込んでいます。なんと、高いときと安いときに倍近い差があるのです。新型コロナやリーマンショックなどの大きな出来事があったわけではないのに、です。

上がったときはいいですが、下がったときにはダメージが大きいものです。ほんのわずかな期間で自分の資産が40～50％も減ってしまう感じになるからです。

もしトヨタ自動車の株を一番高いときに、400万円分買っていた人は、みるみるうちに200万円近くまで値を下げてしまうのです。それは普通、焦るでしょう。

そして資金力の少ない人にとって20～30％も株価が下落すれば、致命傷になってしまいます。これ以上、資産を減らすことはできないので、株を売ってしまうことになるのです。株というのは一定期間、待っていれば妥当な金額に落ち着いてくることが多いのですが、瞬間的に異常値になったりすることがあります。特に株価が下がるときというのは、一気にドーンと下がって、その後、少しずつ回復していくことが多いのです。

資金力があれば様子見をしているうちに株価が回復するようなこともありますし、下落したところで買い増しすることで利益を得ることもできます。

が、資金力の少ない一般の人は、「待つ余裕」がないので、ドーンと下がったときに、「これ以上下がったら無理」と株を手放してしまうことになりがちなのです。つまり、資金力が少ない場合は、「株価が一番下がったときに売ってしまう」という最悪のパターンに陥りやすいのです。

このように株の悪い面ばかりを述べましたが、株はうまく使えば将来のリスクヘッジになります。

## 「安いときに買って値上がりしたら売る」がなぜ難しいか

株式投資で儲けるというと「優良な割に株価の低い企業を探し出し、株価が安いうちに買って値上がりを待つ」のが王道の方法のように言われています。株で儲かった人の本などを読んでも、そういうことが書かれていることが多いものです。

確かに以前は、そういう方法で大儲けすることもできました。自分で研究して、あまり知られていない優秀な企業を探しだすことで自分の利益に結び付けることができたのです。

しかし昨今の株では、そういうことは非常に難しくなっています。というのも昨今の株価は、「各企業の業績」というよりも、「世界経済情勢」に大きく左右されるからです。

たとえば、アメリカと中国の経済対立が深刻になっていた2018年から2019年の間には、日本の企業のほとんどの株が大幅に値下がりしていました。新型コロナのときもそうです。

逆に業績が悪い企業でも、日銀が金融緩和をしたときには株価が上がりました。

今の時代は「企業の業績に関係のないところで株価が乱高下する」のです。

こういうときには、市井《しせい》のにわか投資家は非常に不利です。

株価が上がるときにはものすごい勢いで上がるので、この流れに乗ろうと思って株を買います。そして株が下がるときにはものすごい勢いで下がるので、もっと下がるのではないかという不安にかられて株を売ってしまいます。その結果、「株が高いときに買い、安いときに売る」という大損パターンにはまってしまうのです。

株を買ったことがない人は「安いときに買って高いときに売ればいいじゃないか」と思うでしょう。

が、いくつかの指標があっても「株価の標準値」はないので、今の状態が高いか安いかは、わからないのです。前よりかなり下がっていても、まだ下がることもありますし、急に上がることもあるのです。

前にお話ししたように投資のスペシャリストでさえ、5％の利率を出すのに苦労しているので、素人がそうそう儲けられるわけはないのです。

## 株で儲けられる可能性が高い方法

株の売買の危険性を散々吹き込んだ後に言うのもなんですが、お金を貯める上で株式投資も一つの方法だといえます。

株には、「投機」以外の目的に購入することもあります。

それは、「貯蓄」としての株です。

つまり値上がり目的で買うのではなく、「配当目的」で購入するのです。

配当だけを目的とした場合、株というものはそれほど危険なものではありません。

そして本来、株は、この配当を目的としたものなのです。

たとえばトヨタの株は、この10年くらいだいたい2%以上の配当をしてきました。おそらくこの先もそういう配当を出していくと思われます。現代の低金利時代では、銀行に預金しても、利息は無いに等しいものです。昨今、金利が上がったといっても、まだまだ歴史的な低金利です。定期預金であっても、利息は微々たるものです。だからトヨタの株の配当率は、「金融商品」と考えれば非常に有利なものだといえます。

もし預貯金が1000万円くらいある人が、その半分の500万円を使ってトヨタの株を買ったとします。

すると毎年、10万円くらいの配当収入が得られるわけです。年金暮らしでの年間10万円はけっこう大きいはずです。夫婦でちょっとした旅行ができる金額です。

そして現在NISAという制度がありますので、500万円までの投資ならば配当収入には税金はかかりません。NISAについては、後ほど詳しくご紹介します。

もちろん、株価は変動しますので、投資した500万円も増減することになります。元本を大きく割り込むこともあるでしょう。

が、購入したときの持ち株数は減らないので、配当は当初の株数分だけきちんともらえます。トヨタが例年並みの配当を続けていれば、例年並みの配当収入は得られるわけです。だから株価の増減には目をつむって、ひたすら配当収入だけを目的とするならば、今のところ断然、銀行預金よりもいいのです。銀行預金の場合、事実上「無配当」が続いていますからね。

もし、すぐに必要でないお金を持っている場合、配当目的で株を購入するのは、アリなのではないでしょうか？　トヨタよりも高配当を続けている企業もありますので、そういう株を研究してもいいでしょう。

また自分でわからなければ証券会社に行って、

「20年間、2％以上の配当を続けている会社を教えてください」

などと言えば、喜んで教えてくれます。

が、ここは強調しておきますが、株の投資には、「元本割れ」がつきものですし、運が悪ければ、企業が倒産したり、不祥事などで株が紙くず同然になったりすることもあります。それは日本最大の企業トヨタでも同様です。その危険性は重々ご承知ください。

だから、この場合の株投資のお金は、決して生活資金などであってはなりません。もしかしたら全部なくなるかもしれないリスクを承知で投資するのですから。株投資はそういうスタンスで行うべきです。

## 投資信託は基本的には株式投資と同じ

これまで、株の売買がかなりリスクの高いものだということをご説明してきました。そして一般の人は、株式投資は「売買」ではなく「配当」を目的にしたほうがいいとも述べました。

ところで資産運用の方法として、「投資信託」というものもあります。テレビでもよく宣伝されているので、ご存じの方も多いかと思われます。そして「株はリスクが大きいけれど、投資信託ならばリスクは少ないのではないか」と思っている人もいるかと思います。なので、ここでは投資信託についてお話ししたいと思います。

投資信託というと、

「証券会社などにお金を預け、証券会社がそのお金を投資して増やしてくれる」

「自分で株を売買するよりも安全で確実」

というイメージがあります。

しかし、それはまったく誤解です。

投資信託は、証券会社などが複数の企業への株式投資を行い、その投資運用を証券化したものです。投資家の代わりに証券会社が投資を行い、その運用益を分配するというものです。

投資信託には、商品の種類によって投資にいろいろなテーマがあります。たとえば一部上場企業に満遍なく投資した商品や、新興企業だけに特化した商品、エネルギー企業だけに特化して投資した商品などがあります。

いってみれば投資信託は「セット商品」のようなものです。自分で一つずつ商品（株式）を選ぶのではなく、証券会社などがあらかじめいくつかの「人気メニュー」を「セット」にして売っているようなものです。

その商品が、絶対に儲かるかというと決してそうではありません。損することも多々あります。

個人で一つずつ株を買うよりも安全かというと、それも何とも言えません。というのも前に述べましたように、昨今の株価は「各企業の業績」よりも「世界経済の流れ」に大きな影響を受けます。だから世界的に株が乱高下しているときは、投資信託も乱高下しているのです。その乱高下の大きさは株と変わらないのです。

## 株には税金の問題がある

これまで株投資のメリットとデメリットをご紹介してきました。ここからは、株投資での税金についてお話ししたいと思います。

株の運用で見落としがちなのが税金の問題です。

株は儲けることが大変な上に、儲かったときにはけっこうな税金がかかってきます。せっかく苦労して利益を上げても、下手をすると30％以上の税金を課せられることもあるのです。

株式投資、投資信託などの配当金、値上がり益に対する税金は、大まかに言って二つの申告方法があります。

一つは、「源泉分離課税」。もう一つは「総合課税」です。

源泉分離課税は、証券会社に「特定口座」を開くことで、あらかじめ税金が源泉徴収されるものです。確定申告は不要です。

総合課税は、投資等で得た収益や他の所得を合算し、自分で税金申告をするものです。

源泉分離課税は便利ですが、一律20・315％の税金（所得税、住民税を含む）がかかります。

この一律20・315％の税金は、ちょうど平均的なサラリーマンの所得税、住民税の税率と同じ程度になっています。だから平均的なサラリーマンの場合、源泉分離課税を選択しても、ほぼ損得はないことになります。

所得税は、所得に応じて累進課税になっており、所得195万円以下の人の所得税の税率は5％です。住民税と合わせても15％となります。だから源泉分離課税で自動的に20・315％の税金が取られるより、自分で申告し、自分の所得に応じた税率を課せられる「総合課税」のほうが税金が安くなる可能性が高いのです。

所得195万円以下というのをサラリーマンの年収で言えば、独身の人でだいたい300万円前後、所帯を持っている人で350万円前後になります。だからこれより少ない年収の人は、分離課税を選択するより自分で確定申告をしたほうがいいことになります。

収入が年金だけの人は、もっと高い収入額であっても確定申告をしたほうが有利になります。だいたい年金収入300万円以下の人は、確定申告をしたほうがいいでしょう。

また自分で確定申告をする場合は、「配当控除」が受けられるので、さらに税金が安くなります。確定申告は、資料だけを持って行けば税務署でつくってくれます。

総合課税と源泉分離課税のどちらが得かは、年収の額や投資の種類などで変わるので一概には言えません。どちらが得になるかの詳しい計算は、証券会社にしてもらいましょう。

証券会社で「特定口座」を開いていても、自分で確定申告をすることはできます。

証券会社の特定口座では、税金を源泉徴収してもらうか、してもらわないかの選択ができるようになっているのです。

損が出た場合は、確定申告をすれば赤字分を3年間繰り越すことができます（FXなど投資の種類によってはできないものもあります）。この赤字の繰り越しは、確定申告をしないと受けられません。また源泉徴収を選択していても損が出た場合、確定申告をすることもできます。

## NISAって何？

一般の人が株投資をする場合、有利な制度としてNISAというものがあります。

証券会社がテレビやインターネットで散々宣伝しているので、聞いたことがある人も多いのではないでしょうか？

NISAとは、一定の金額までの投資であれば、そこから得た値上がり益や配当金（分配金）は非課税になる制度です。

前述のように株の配当などに対する税率は、20・315％です。つまり株の配当を受け取った場合、その20・315%が税金として取られるのです。

しかしNISAを利用していれば、これがゼロになるのです。

このNISAは、イギリスがつくった「ISA（個人貯蓄口座）」をモデルにしています。イギリスは少額の個人投資を対象としたISAという制度をつくり、株式市場を活性化させました。なので、日本もそれにならったわけです。

このNISAは、2024年から大幅にリニューアルされました。

それまでは、年間120万円だった投資枠が360万円まで拡大されたのです。そして生涯で総額600万円までだった投資の枠が1800万円まで増えました。5年間だった非課税期間は、無期限になりました。

さらにNISAは時限的な特例制度だったのですが、2024年からは恒久的な制度となったのです。

また以前のNISAには、「通常のNISA」と「つみたてNISA」という制度がありました。

「つみたてNISA」は、元来のNISAよりも1年あたりの投資額の上限を少なくし、その代わり投資期間を大幅に伸ばし長期にわたって投資できるというものです。この「つみたてＮＩＳＡ」では、金融庁が承認した金融商品（投資信託）のみにしか投資できませんでした。もちろん金融庁が厳選しているわけですから、そう大きな痛手を被ることはないと思われます（原則として投資の結果については自己責任です）。つまり、「つみたてＮＩＳＡ」は、国が推奨する金融商品を細く長く持ち続ける制度です。

この「つみたてＮＩＳＡ」はかつて通常のＮＩＳＡと併用することはできなかったので、ＮＩＳＡを行う場合、必ずどちらかを選択しなければなりませんでした。

しかし２０２４年の新ＮＩＳＡ制度では、この「通常のＮＩＳＡ」と「つみたてＮＩＳＡ」が一本化され、どちらかを選ぶ必要がなくなりました。

年間３６０万円、生涯１８００万円という投資枠の中で、自分で自由に投資先を選択することができるのです。

ＮＩＳＡを始めるには、証券会社に口座をつくらなければなりません。

現在、証券会社各社にとってＮＩＳＡの口座はドル箱ですので、どの証券会社も問い合わせをすれば、喜んで馳せ参じてくれるでしょう。

ただ対面販売の証券会社よりも、ネットの証券会社のほうが株の売買手数料が安く済みます。なのでネットで証券口座をつくれる人は、ネットの証券会社を利用したほうがいいでしょう。ネットでの証券口座の開設は、そう難しいものではありません。先方から送られてくる書類に、必要事項を記載するだけです。クレジットカードの申し込み程度の作業で済みます。

でも、今まで証券口座をつくったことがない人は、いろいろ不安でしょうから、NISAの内容などを詳しく聞きたい人は、無理をせずに対面の証券会社でつくりましょう。

また証券会社はいろいろ選べますので、いくつかの証券会社をじっくり検討してみましょう。一つの証券会社から説明を受けて、それですべてお任せするようなことは避けたほうがいいでしょう。

なぜなら一旦、証券会社でNISAの口座をつくった場合は、他社に乗り換えるときに非常に面倒な手続きが必要となるのです。自分はどういう投資をするのかをまず決めて、各証券会社がどういうときに手数料がいくらかかるのかなどを詳細に検討してから口座をつくってください。

NISAといっても普通の株式投資、投資信託と変わりませんので、くれぐれも相当のリスクがあることは覚悟してください。

## NISAは危険なのか？

このNISAは、国や金融機関がけたたましく喧伝する一方で、「NISAは危ない」などの言説もチラホラ見かけます。

本当のところはどうなのでしょうか？

投資をするには、いいことづくめのように見えるNISAに関して、「NISAは損をする。国に騙されるな」と一部では言われているのです。

経済評論家の森永卓郎氏や荻原博子氏なども、「NISAをしてはいけない」と言っておられます。

筆者は、経済評論家としての森永卓郎氏を敬愛しておりますし、彼の言説を大いに参考にしている面もあります。もちろん、彼の主張すべてに賛同するわけではありません。

この「NISAはしないほうがいい」という説についても、少し言いすぎというか、言葉足らずの点があると思われます。

森永卓郎氏が「NISAをしないほうがいい」と言っている理由をざっくり言うと「今

後株価が下がるから」です。

「NISA」には「つみたて投資枠」と「成長投資枠」という制度があります。

「つみたて投資枠」は、年間120万円まで政府が指定した金融商品に投資できる制度です。このつみたてNISAの対象になっている金融商品のほとんどが今後、世界経済や日本経済が順当に成長したときに儲けが出る商品となっています。逆に言えば、世界経済や日本経済が大きく失速したような場合は、大損になることもあるのです。

そして森永卓郎氏は、「現在の世界の株価はバブルの状態になっており、必ず遠くないうちにバブルが崩壊する」と述べられています。

だから森永卓郎氏は、「NISAはしてはならない」と言われているわけです。

## NISAは株価下落のリスクヘッジにもなる

NISAには、「つみたて投資枠」のほかに「成長投資枠」というものがあります。「成長投資枠」は「つみたて投資枠」の2倍の年間240万円となっています。この「成長投資枠」は、投資する株式や投資信託などを自分で自由に選ぶことができます。

そして投資信託の商品の中には、企業に投資するのではなく「金」や「プラチナ」に投資する商品もあります。そういう金融商品を新NISAで購入すれば、金やプラチナを購入するのと同じようなリスクヘッジが可能なのです。

また投資信託の商品の中には、「株価が下降したときに値が上がる」ような逆張りの商品もあります。こういう商品を購入しておけば、森永氏が言う「世界経済が失速したとき」のリスクヘッジにもなるわけです。

つまりNISAは、森永氏の予測通りに「世界規模でのバブルの崩壊」が起きたとしても、そのリスクヘッジとしての利用ができるのです。

NISAの仕組みだけを見れば、売買益や配当金に税金が課せられないのだから、普通に投資をするより有利な面が大きいと言えます。

NISAを安易に推奨する国や金融機関のいうことを鵜呑みにするのではなく、金融投資には大きなリスクがあることや、森永氏の言うように今後、世界規模のバブル崩壊が起こる可能性もあることを念頭に置いておくべきでしょう。

それでも自分の資産を守るリスクヘッジの方法として、NISAを排除すべきではないと筆者は思います。つまり特徴をよく理解した上で、有利な部分に関しては「賢く使うべき」です。

## NISAのもう一つのデメリット

巷の「NISAをしないほうがいい論」には、もう一つ大きな理由があります。

それはNISAで損が出たときの税制上の救済措置がまったくないことです。

普通の株投資では、一つの株で損が出たときには、他の株の儲けと合算して計算することができます。そして年間の合算額に赤字が生じた場合には、その赤字を翌年以降(3年間)に持ち越すことができるのです。

たとえばAの株で200万儲けても、Bの株で200万円損したならば、所得は差し引きゼロになります。

また株の取引1年目で200万円の赤字が出て、2年目には200万円の黒字が出たとします。この2年目の収支は、前年の赤字が繰り入れられるので差し引きゼロになるわけです。この赤字の繰り越しが3年間可能です。

しかしNISAでは、赤字の通算や繰り越しができません。だから赤字が出るような場合は、ＮＩＳＡは不利なのです。森永卓郎氏や荻原博子氏が「ＮＩＳＡはやめたほうがいい」と言っているのは、この点も大きな理由なのです。

この欠点を考慮しつつ、「売買益や配当益に税金がかからない」というＮＩＳＡのメリットは上手に利用したいものです。

## 税務署員は純金が好き？

最近、蓄財や資産のリスクヘッジとして「純金」が注目されています。

最近というより、古来から「金を保有する」ことは、蓄財術として用いられてきました。

それが新型コロナでの株価の乱高下などで、また脚光を浴びるようになっているのです。

税務署員も純金の価値は非常によく知っています。金持ちが脱税した金を、純金の延べ棒にして家のどこかに隠すなど日常的に見聞きしているからです。

「お金の価値は下がるけれど純金の価値は変わらない」とよく言われます。

確かに純金の価格は、古来から上がり続けているとされています。

近年でも金の価格は２０００年ごろに１グラム９００円だったものが、今は１万４００

0円程度になっているのだから、二十数年間でなんと15倍以上に上昇したのです。

ただし、金の価値は下降するときもあります。

実際、1980年から1985年の間には、金の価値は半分以下になっています。

筆者は、金取引について専門家ではありませんので、このあたりはなんとも言えません。

乱高下する商品を買うということは、その損益を自分で責任を取らなくてはならないということです。

ただ金は短期的に見れば上がり下がりしながらも、長い目で見れば長期間ずっと上がってきています。だから長いスパンでの蓄財、資産管理としては、今のところ有効なスキームであることは間違いないでしょう。

また金は株などと違って、価値がゼロになることはありません。株の場合、その会社が倒産したときなどは本当に「紙切れ」になってしまうこともあります。しかし金の場合は、いくら価値が下落したとしても、物質としての価値は必ずあります。ですのでゼロになったり、それに匹敵するような大暴落はないのです。

## 純金積立とは？

前項では純金を資産とすることのメリット、デメリットをご紹介しました。

純金を保有するには、純金の現物を購入する方法だけではなく「純金積立」という方法もあります。

純金積立とは、証券会社などが加入者からお金を集めて、それで金を購入する金融商品です。配当などはありませんが、毎月、自分の金の保有量が増えていき、好きなときに換金することができます。また証券会社によっては、金の値上がり分をボーナスや利息として支払う場合もあります。

「純金積立」のメリットは、安くはじめられることです。証券会社によって設定は違ってきますが、安いものでは月1000円から購入可能です。

これが、金の現物を購入しようと思えば、なかなかそうはいきません。

金を現物保有しようとすると加工料もかかりますし、1キロ以内の売買であれば多額の手数料等が必要になります。かといって1キロ以上となると、現在、金の価格は1グラム

1万円以上なので1000万円程度が必要となります。

だから金の現物の保有は、かなりの金持ちじゃないとできるものではないのです。そのため「金保有のメリット」を金融商品化し、誰もが気軽に行えるようにしたものが「純金積立」なのです。

ただし、純金積立にはデメリットもあります。

まず金を保有するときと同様に元本割れのリスクがあります。そして証券会社にかなりの手数料を取られます。だからちょっと値上がりした程度では、換金するときに元が取れないことも多いのです。

だから純金積立は元本割れのリスクをきちんと認識し、リスクヘッジの意味で行うべきでしょう。

## 投資信託を使った純金投資

純金を購入したり、純金積立をするときの高い手数料を払わず、純金を保有するのと同様の資産形成を行える裏ワザがあります。

その裏ワザとは、簡単に言えば投資信託を使う方法です。前にご説明したように、投資信託は、証券会社などが複数の企業への株式投資を行い、その投資運用を証券化したものです。投資家の代わりに証券会社が投資を行い、その運用益を分配するものです。

この投資信託には、商品の種類によって投資にいろいろなテーマがあります。そして、その投資信託の商品の中に純金への投資商品があるのです。これは、投資家から集めた金で純金を買い、それを証券化したものです。

この投資信託は証券市場で売買されているので、誰でも普通に売り買いすることができます。そして売買価格は純金の値とほぼ連動します。純金が少しでも上がれば、投資信託の価格が上がり、その逆もしかりです。

投資信託を売買するときには手数料がかかりますが、たかが知れています。純金の現物を売買するときや、純金積立を換金するときの手数料よりははるかに小さいのです。

だから純金の現物を買ったり、純金積立をするより、はるかに気軽に効率よく利益を上げることができるのです。

もちろん金の値が下がれば損をします。それは純金の現物購入や純金積立も同様です。手数料が安い分だけは、どんな状況であってもメリットになるのです。

## ＮＩＳＡを使って純金を購入する方法

前項では投資信託を使って間接的に純金を購入する方法をご紹介しました。

この投資信託で純金を購入する裏ワザをご紹介したいと思います。

実はＮＩＳＡでも、純金の投資信託を購入することができるのです。

ＮＩＳＡには前述したように、「つみたて枠」と「成長投資枠」という投資枠があります。「つみたて」枠は年間１２０万円で、国があらかじめ選定した金融商品を選ばなくてはなりません。

一方、「成長投資枠」は「つみたて投資枠」の2倍の年間２４０万円の枠があり、投資する株式や投資信託などを自分で自由に選ぶことができます（一部の高リスクな金融商品を除く）。

そして投資信託の商品の中には、企業に投資するのではなく先ほども言ったように「純金」や「プラチナ」に投資する商品もあるのです。

この純金の投資信託をＮＩＳＡで購入すれば、純金を購入するのと同じようなリスクへッジが可能なのです。

年間240万円分ずつ純金の投資信託を購入すれば、数年で1000万円を超える純金を保有することができます。その純金がもし値上がりしたときに売却した場合、税金は一切かかりません。

これなら売却せずに将来のために、ずっと保有していてもいいわけです。

また公的年金の制度の一つであるiDeco（確定拠出年金）でも、純金の投資信託を購入することができます。iDecoについては、第5章で詳しくご説明しますが、年金として自分で投資をすることができ、投資益には税金がかからないという制度です。

この先、円の価値はどうなるかわかりませんし、物価高もいつまで続くかもわかりません。そのリスクヘッジとして、「NISAやiDecoを使った純金投資」はうってつけと思われます。

# 第5章

# 老後資金のズル賢い貯め方

# 老後資金は現金より年金

貯蓄をしたいと思っている人の中には、「老後のため」を考えている人も多いでしょう。本書を読んでくださる方の多くも、そういう動機の方が少なからずいると思われます。

なので本章では、税務署員がいかにして老後の資金を貯めているのかをご紹介したいと思います。

老後の資金を考える際に、まず最優先していただきたいのは「公的年金」です。

老後の資金を預貯金で準備するのは大変です。一番効率的なのは、公的年金を充実させることだからです。

昨今では、週刊誌等が年金の掛け金と受給額の試算をすることも多く、人によっては掛け金よりも受給額のほうが少ないという結果になるようです。そのことから、「年金に入っても無駄」と述べる評論家などもいます。

が、それは大きな勘違いがあります。

なぜ老後の資金を預貯金で準備するのが大変なのか、ご説明しましょう。

現金や預貯金で老後資金を準備するとき、考慮しなくてはならないのが自分の寿命です。よくビジネス誌などの特集で計算される「老後の資金の必要額」は、平均寿命をもとに算出されています。が、この計算の方法は間違っています。というのも誰もが平均寿命までに死ぬとは限らないのです。

平均寿命は、事故や自然災害で若くして亡くなった人も含めて計算されています。また誰しもが平均寿命になった時点でピタリと死ぬとは限りません。というより、半数以上の人が平均寿命より長生きするのです。

もし老後の資金を平均寿命をもとに準備していれば、平均寿命より長く生きたときにたちまちお金が枯渇してしまいます。つまり老後の資金は、平均寿命よりもかなり余裕をもって準備しておかなくてはならないのです。

そして現在は100歳まで生きることも決して特別ではありません。

となると、老後のお金を預貯金で準備するのであれば、100歳を目安に算出しなくてはならないのです。100歳まで生きることを前提に現金を用意するのは大変なことです。年金の補塡分として1年につき100万円を費消すると、65歳から100歳までは3500万円を用意しなくてはなりません。

しかもこれだけ用意しても100歳でぴったり死ぬとは限らないのです。

しかし公的年金の場合は、死ぬまで一定額をもらえます。この「死ぬまで一定額をもらえる」という制度は、老後の生活において非常に大きいのです。

## 500万円貯金するより年金を1万円増やそう

たとえば年金を月1万円分上乗せする代わりに、それを預貯金で準備しようと思えば、一体いくら必要になると思いますか？

60歳から100歳まで月1万円分を賄うためには480万円が必要です。おおよそ500万円です。

つまり、老後の生活費を月1万円分上乗せするためには、60歳の時点で約500万円の預貯金が必要となるのです。

考えてみてください。月たった1万円を上乗せするために、500万円の預貯金が必要なのです。預貯金を500万円増やすのは、容易ではありません。

が、年金を月1万円分増やすのは、そう難しいことではありません。

サラリーマンでも、自営業者でも、年金を増やす方法はたくさんあります。

公的年金は、金融商品としては非常に価値があるものなのです。

もし民間の保険会社で「何歳まで生きても毎月一定額を支払ってくれる年金」に加入しようと思えば、掛け金は相当高いものになります。

つまり生命保険会社の年金に入るより、公的年金のほうがはるかにお得なのです。こういうものに入らないのは、普通に考えて損なのです。

昨今の若い人の中には、「どうせ自分たちは年金はもらえないのだから」といって社会保険に入らない人も多いようです。

しかし、「年金をもらえない」と考えるのは早計です。

年金制度は、現代社会の根幹をなすものでもあります。ですので、国としてもそうそうつぶせるものではないのです。しかも年金制度は、戦前からあったものなのです。敗戦という大混乱期にも年金制度は生き残ったのです。いかに無能な政府といえども、年金制度くらいは死守するはずなのです。

また「自分の掛けた年金額はもらえないから」と年金に加入しない人もいるようです。

これもまた早計です。公的年金のメリットは、なんといっても「死ぬまで一定額をもらえる」ことなのです。年金であれば、何歳まで生きようと一定の額は必ずもらえます。だから年金で生活費を賄えるようにしておけば、何歳まで生きようと経済的な不安はないわけです。

つまり年金は、「自分の掛けた金額より多くもらうこと」が本来の目的ではありません。「何歳まで生きていても生活費が保障されている」ということが最大のメリットなのです。

公的年金というのは、金融商品としては非常に価値があるものなのです。

要は生命保険会社の年金に入るより、公的年金のほうがはるかにお得なのです。

## 「老齢基礎年金の満額」は基本中の基本

できるだけ多くの公的年金をもらうための基本中の基本の方法として、「老齢基礎年金は満額もらう」ことがあります。

これは公務員、サラリーマン、自営業などすべての業種の人にいえることです。

現在の公的年金は、ざっくり言って「老齢基礎年金」の部分と「プラスアルファ」の部分によって成り立っています。

自営業者などの場合は、「国民年金」が基礎部分（老齢基礎年金）になります。サラリーマンの場合は、「厚生年金」の中に「老齢基礎年金」が含まれています。

サラリーマンは厚生年金の中で「老齢基礎年金」にプラスして収入に応じて加算される年金があるのです。

そしてこの「老齢基礎年金」部分は、最低10年間加入していればもらえるようになっており、40年間加入していれば満額もらえることになっています（40年以上は加入できません）。満額の金額は物価スライド方式になっており、令和6年度は月6万8000円、年81万6000円です。そして加入期間が40年に満たなければ、足りない期間分だけ年金支給額が減るのです。

満額が年81万6000円なら、夫婦でもらえば163万2000円になります。一か月に13万円程度です。まあ、一か月13万円もらえばギリギリ生活できるくらいの金額です。でも、この13万円があるのとないのとでは大違いです。

だから自営業もサラリーマンも、この「老齢基礎年金を夫婦で満額もらう」ことをまず第一の目標としたいものです。

## 公務員でも基礎年金を満額もらえない人は多い

このように公的年金の中で、もっとも重要な老齢基礎年金なのに、実は満額もらえない人もけっこういるのです。

「若いころから社会保険に入らなかった」という人ばかりじゃなく、公務員や普通のサラリーマンでもそういうケースは多いのです。

なぜなら、先ほども述べたように基礎年金は40年掛けていないと満額にはならないからです。

たとえば大卒でサラリーマンになり、60歳でちょっと早めに退職した場合は、加入期間が40年に満たないことになります。浪人したり、留年したり、留学したり、早期退職した場合、40年にはかなり足りなくなります。

そういう人たちは、老齢基礎年金分を満額もらうことができません。

さらに主婦の場合は、もっとそのケースが多くなります。

主婦は、夫がサラリーマンの場合は、自分も自動的に老齢基礎年金部分に加入していることになっています。が、「夫の年金の傘」に入れるのは、結婚した後のことです。

だからもし30歳に結婚して夫が60歳で定年退職した場合、老齢基礎年金部分に加入している期間は30年間となります。この主婦が結婚する以前に10年以上、会社勤めをしていたり国民年金に加入していれば、加入期間の40年をクリアしています。

しかし非正規やフリーターなどをやっていて国民年金に加入していなかった場合は、10年分不足してしまうのです。

つまり、老齢基礎年金部分を満額もらえるためには10年分足りないのです。

自営業者の人が国民年金に40年間加入していない場合も同様で、満額をもらえないことになります。

## 満額もらえない人は国民年金に加入しよう

このような年金加入期間が足りない人は、定年退職したり仕事をやめた後でも国民年金に加入する（自営業の場合は国民年金を継続する）ことができます。

つまり新たに国民年金に加入し、毎月の掛け金を支払うのです。もちろん、将来もらえる年金支給額は増額されますし、厚生年金などと合わせて加入期間が40年に達すれば満額もらえることになります。

国民年金というのは本来、自営業やフリーターなどが入る年金なので、サラリーマンの人は入ることができません。サラリーマンは厚生年金に入っていれば、この国民年金に入っているのと同様になっているのです。

しかし、厚生年金の加入期間が40年に満たないサラリーマンならば退職した後も65歳になるまでの期間は、年金加入期間が40年に達するまで国民年金に入ることができます。同様に主婦の場合も65歳未満であれば、夫が定年退職した後、老齢基礎年金部分の加入期間が40年に達するまで国民年金に入ることができるのです。

自営業の場合も、仕事を辞めた後であっても国民年金の加入期間が40年に満たない場合は加入を継続することができるのです。

## 付加年金、国民年金基金を使いこなそう

また定年後に厚生年金の加入期間が足らずに国民年金に加入するサラリーマンには、ち

ょっとした恩恵もあるのです。

国民年金には、「付加年金」という制度があります。

付加年金というのは、毎月の保険料に追加して400円の付加保険料を支払えば、年に（200円×加入月数）の年金額が生涯にわたってもらえる制度です。

たとえば付加年金に4年間（48か月）加入した場合、年に9600円もらえるのです。これは一生です。付加年金4年間での掛け金は1万9200円です。だから、たった2年で元が取れる計算になります。

この付加年金にサラリーマンのときには入ることができなかったので、退職後に国民年金に加入する人だけの特権なのです。

また定年後、国民年金に任意加入した人は、国民年金基金に入ることもできます。

国民年金基金とは、国民年金の加入者が国民年金だけでは足りない分を補うためにつくられた制度です。本来なら自営業者などのためにある制度ですが、定年後に国民年金に任意加入した人も入ることができるのです。

60歳以降の加入では、掛け金の元を取るためには、おおむね20年以上生きなくてはなりません。だから長生きをする人しか元は取れないことになっています。

でも老後は、何年続くのか自分ではわかりません。だから長生きしたときのためにも備えをしておかなくてはなりません。そのアイテムとしてはうってつけといえるでしょう。

国民年金基金の掛け金は年齢などによって変わってくるのですが、最高6万8000円まで掛けることができます。

そして国民年金基金には、もう一つ大きなメリットがあります。

それは掛け金がすべて税金の所得控除となることです。退職した年とは、まだ会社からの給料をもらっている年なので、所得はけっこう大きいはずです。この年に、国民年金基金に入って来年3月分までの前払いをしておけば、かなりの節税効果があります。

また国民年金基金は、いつでもやめることができます。だから退職した年に加入して節税の恩恵を被っておいて、翌年には辞めることもできます。やめた場合は、掛け金は返還されませんが、将来、公的年金をもらうようになったときに加算されます。

## 確定拠出年金"iDeco"は入らな損

公的年金には確定拠出年金「iDeco」という制度があります。これは会社の厚生年金などとは別に、個人的に公的年金に入れる制度です。

掛け金も自分で自由に決めることができます。

もともとは企業年金を持たない中小企業や自営業者のためにつくられた制度ですが、2017年の改正で、企業年金を持っている大企業の社員でも一定の条件をクリアしていれば入ることができるようになりました。

そして公務員や主婦も入れるようになったのです（詳細は後述）。もちろん、税務署員はこの確定拠出年金「iDeco」を十二分に活用しています。

企業年金を持たない中小企業のサラリーマンや自営業者の場合は、掛け金の上限が月6万8000円です。

企業年金のある企業のサラリーマンの場合は、上限2万7500円です。

確定拠出年金は、自分自身で銀行や証券会社などの管理会社が用意している金融商品で運用する仕組みになっています。

運用に成功すればその分、もらえる年金額は大きく増えることになります。

もちろんその逆もあります。

また元本保証という商品もあるので、資金運用などが苦手な人でも加入できます。

しかも、この確定拠出年金は、所得税、住民税が大幅に安くなるというメリットがあります。というより、確定拠出年金の最大のメリットは、この税金控除だと言えます。

サラリーマンの場合、月額2万3000円までの掛け金が全額控除となるのです。

年間では27万6000円までの掛け金が、所得控除になるのです。

この所得控除により平均的なサラリーマンの場合、年間4~5万円の節税になります。

つまり年間4~5万円の税金の補助を受けながら、27万円の年金を積み立てているのと同じことなのです。

自分の負担は、実質的に22~23万円でいいのです。

豊かな老後を過ごすためには、ぜひこの確定拠出年金には入っておきたいものです。

## iDecoのどこがすごいのか？

確定拠出年金がなぜスグレモノなのかというと、前述しましたように、なんといっても、節税になることです。

確定拠出年金は、3度にわたって節税ができます。

それは次の通りです。

1 現役世代のときに掛金が所得控除となる。
2 年金運用で利益が出たとき、それが非課税となる。
3 年金として受け取るときも、所得税、住民税の優遇措置が受けられる。

こう言われても、一般の人にはなんだかよくわかりませんよね？

自分で老後資金を用意するときの場合と比較してみましょう。

自分で老後資金を用意する場合、当然のことながら自分の収入の中から、積み立てることになります。が、この自分の収入には、所得税や住民税が課せられています。つまり自分が自由に使える収入というのは、所得税や住民税を支払った残りなのです。

もし毎月1万円を積み立てるとすれば、平均的なサラリーマンでだいたい2000〜3000円の税金がかかります。つまり、毎月1万3000円くらいを使って、1万円を積み立てるということです。

サラリーマンは、税金を先に引かれますので、なかなか自覚はないと思われますが、自分が使うお金は常に税金が差し引かれた後のものなのです。だから自分では1万円を使ったつもりであっても、税金分を含めれば1万2000〜3000円を払っていることになるのです。

でも確定拠出年金には、税金がかかりません。だから1万円積み立てた場合は、その1万円には所得税も住民税もかかってきません。つまり1万円積み立てるときには、1万円だけを使えばいいことになるのです。

その時点で、自分で貯蓄するよりも2〜3割有利になるのです。

すごく有利でしょう?

もちろんサラリーマンだけじゃなく、自営業者も節税になります。自営業者の場合は、月6万8000円まで所得控除が受けられるので、サラリーマンよりもさらに節税になるといえます。節税できる金額は、年間で所得税、住民税合わせて10万～20万円になるでしょう。

月6万8000円を積み立てれば、年間75万6000円です。節税できる分を国の補助金と考えれば、60万円くらいのお金を使って、75万6000円を貯金するのと同じことなのです。

## 運用益にも税金がかからない

次に「年金運用益が非課税」ということについて、ご説明します。

通常、お金を貯蓄したときの利子や、投資をして得た収益には、約20％の税金がかかってきます。

だから、もし100万円の利子を受け取ったり、資産運用で100万円の利益が出たような場合には20万円の税金が差し引かれるのです。

この税金が確定拠出年金にはかからないのです。

何度か触れたように、確定拠出年金とは、原則として自分の年金資金を自分で運用する仕組みになっています。元本保証型にしていても、多少の運用益は出るでしょう。もし確定拠出年金じゃなく普通の資産運用であれば、この運用益に対して税金が取られるのです。

そして「年金を受け取るときも税金が安い」のです。

ご存知のように日本国民は収入を得た場合には、原則として所得税、住民税を払わなければなりません。

しかし公的年金の収入に対しては、税金が優遇されているのです。そして確定拠出年金の受取でも、公的年金と同様の優遇措置を受けられるのです。

表のように65歳未満の人は、公的年金を60万円以上もらえば、税金がかかるようになります。が、すべての人には基礎控除が48万円ありますので、基礎控除と合計して１０８万円までの収入には所得税がかかってきません。

サラリーマンの場合は、１０３万円以上の収入があれば税金がかかってきますので、この時点でもサラリーマンより有利になっています（１０３万円の壁については２０２５年1月現在、改正が検討されています）。

## 公的年金等に係る雑所得の速算表（令和2年分以後）

| 公的年金等に係る雑所得以外の合計所得金額が1,000万円以下 | | |
|---|---|---|
| 年金を受け取る人の年齢 | (a)公的年金等の収入金額の合計額 | (b)公的年金等に係る雑所得の金額 |
| 65歳未満 | 60万円以下 | 0円 |
| | 60万円超　130万円未満 | 収入金額の合計額－60万円 |
| | 130万円以上　410万円未満 | 収入金額の合計額×0.75 －27万5千円 |
| | 410万円以上　770万円未満 | 収入金額の合計額×0.85 －68万5千円 |
| | 770万円以上　1,000万円未満 | 収入金額の合計額×0.95 －145万5千円 |
| | 1,000万円以上 | 収入金額の合計額－195万5千円 |
| 65歳以上 | 110万円以下 | 0円 |
| | 110万円超　330万円未満 | 収入金額の合計額－110万円 |
| | 330万円以上　410万円未満 | 収入金額の合計額×0.75 －27万5千円 |
| | 410万円以上　770万円未満 | 収入金額の合計額×0.85 －68万5千円 |
| | 770万円以上　1,000万円未満 | 収入金額の合計額×0.95 －145万5千円 |
| | 1,000万円以上 | 収入金額の合計額－195万5千円 |

国税庁サイトより

また65歳以上の人は、公的年金が110万円以上じゃないと税金はかかりません。これに基礎控除が48万円ありますので、158万円以上じゃないと税金はかかってこないことになります。

しかも、これは、一人あたりの年金受給額の話です。

夫婦二人がそれぞれ分散して年金を受給していれば、それぞれに非課税枠があります。となると、夫婦二人では、最高316万円までは税金がかかってこないことになるのです。

また税金には、社会保険料控除などもあります。これは、支払った社会保険料の額は、全額、収入から控除できるという制度です。この社会保険料などを合わせれば、180万円~200万円程度の年金をもらっていても税金はかかってきません。夫婦二人では、最高400万円くらいまでは税金がかからないのです。

普通のサラリーマンの給料などではそうはいきません。

年金400万円程度の給料をもらっていれば、所得税、住民税を含めて少なくとも50万円程度の税金を払わなければなりません。

この公的年金の税制優遇措置を、確定拠出年金でも享受できるわけです。

こういう具合に確定拠出年金というのは、非常に有利な老後資金の蓄財方法なわけです。

ただし、この確定拠出年金にもデメリットはあります。確定拠出年金を引き出す場合、原則として60歳以降に年金としてもらわなければならないのです。つまり、定期預金や有価証券のように、途中で換金することはできないのです。

でも、そもそも年金の積み立てという趣旨をもっている制度です。そのために税優遇措置もあるのですから、これはデメリットというより、当然の条件ともいえるでしょう。

とにもかくにも老後の資金を考えるときには、確定拠出年金は最重要アイテムだといえます。ぜひ頭に入れておいて欲しいものです。

お金を貯める際に、一番手っ取り早く、安全な金融商品となると定期預金ですよね？　元本割れする心配もほとんどないし、普通の預金よりは利子が高くなっています。

だから、とりあえず貯金に際して定期預金にしている人も多いのではないでしょうか？　この定期預金と、確定拠出年金を比べてみたいと思います。

あまり気づいていないかもしれませんが、この定期預金には二度税金がかかっています。

一度目は、定期預金の資金を得る際です。

定期預金にするためのお金は、給料などの収入から調達したものですよね？　サラリーマンならば給料をもらって、生活費などを差し引いた余剰分を定期預金に充てますよね？

この給料には所得税、住民税がかかっています。だから定期預金に預けるお金というのは、所得税、住民税を払った後の残額であり、つまりは課税後のお金なのです。

しかし確定拠出年金には、所得税、住民税がかかりません。だから、この時点で所得税、住民税分を得していることになります。平均的サラリーマンで、15％程度です。

そして定期預金には、さらにもう1回税金がかかります。

それは利子に対してです。

昨今の低金利時代では、定期預金などの利子は微々たるものです。それでも利子自体はあります。この少ない少ない利子に対して、20％もの税金が課せられるのです。それを考えれば利子などはないも同然ですよね？

この二つの税金分を考えれば、定期預金と確定拠出年金は、平均的なサラリーマンでも15％～20％くらいの違いがあるといえます。

つまり同じような負担であっても、定期預金ならば月8000円しか貯まらないのに、確定拠出年金ならば月1万円貯まるのです。

これが何十年も積み重なれば、相当な差となるはずです。

## 公務員も入れる

2017年の確定拠出年金の改正の大きな目玉の一つが、公務員も入れるようになったことです。

これまで公務員は、「手厚い年金制度がある」ことで確定拠出年金に入れませんでした。

確かに公務員の年金には、共済年金という「職域加算部分」があり、非常に手厚い年金制度がありました。

が、官民格差を解消するために、2015年10月、公務員の共済年金も普通のサラリーマンと同様の「厚生年金」に吸収されることになり、「職域加算部分」も廃止されました。

公務員には、新たに「年金払い退職給付」という制度がつくられ、「職域加算」廃止を若干カバーすることになっています。

しかし今後、公務員の年金制度が普通のサラリーマンに近くなっていくことは間違いないことです。

そういう公務員の年金生活を補うために、2017年から公務員も確定拠出年金に入れるようになったのです。

上限額は、月1万2000円なので、決して多くはありません。が、あるのとないのとでは、全然違うでしょう。

単純に月1万2000円を20年間加入すれば、老後20年にわたって、月1万2000円程度が年金に加算されるのです。年金生活での月1万2000円というのは、かなり大きいといえます。しかも、月1万2000円を掛けていれば、平均的な公務員の場合で、だいたい3万円～4万円の節税になります。


そもそも公務員は、「老後生活は恵まれている」と言われてきましたが、現場にいる人にとっては決してそうではありません。

公務員の場合は、もともとの給料が大企業に比べれば高くないので、年金の額も相応のものになります。夫婦ともに公務員などの場合は、けっこう豊かな老後となりますが、夫が公務員で妻は専業主婦などの場合、決してそう豊かではありません。

税務署員の中には、個人年金に加入している人も多々いました。

筆者が勤務していた税務署では、半数くらいの人は個人年金に加入していたと思われます。

個人年金は、前述したように民間の金融商品としての「年金」に入るのです。それはもちろん、将来の年金を補完するためです。

しかし民間の個人年金に入るよりも、確定拠出年金に入るほうが、よほどメリットがあります。民間の個人年金にも税金の優遇措置はありますが、確定拠出年金のそれとは比べものにならないからです。

たとえば掛け金が月1万2000円の場合、前述のように確定拠出年金では平均的サラリーマンは年間3万円~4万円の節税になりますが、民間の個人年金ではせいぜい1万数千円です。

個人年金に加入している公務員の方は迷わず、その分の掛け金を確定拠出年金に回すべきでしょう。

公務員が加入できるのは、「個人型確定拠出年金」です。

「個人型確定拠出年金」は、個人が直接、金融機関などに申し込んで加入するものなので、公務員の場合も自分で手続きを行うことになります。また窓口の金融機関では、公務員であることの証明が必

**公務員の確定拠出年金の加入条件**

| | |
|---|---|
| 加入条件 | 満20歳以上60歳未満 |
| 拠出限度額 | 月1万2000円、年間14万4000円まで |

要となります。それは職場に申請してもらってください。

## 専業主婦もiDeCoに入ったほうがいい

2017年の改正で公務員とともに専業主婦も確定拠出年金に入れるようになりました。これまで専業主婦の場合、自分の年金の額は夫にほとんど依存していました。しかし確定拠出年金を使えば、自分の年金の額をある程度、自分でコントロールできるようになったのです。

専業主婦の場合は、公務員よりも若干多く、月2万3000円、年間27万6000円までです。

ただし専業主婦の場合は、気をつけなくてはならない点があります。

これまで述べてきたように、確定拠出年金の大きなメリットの一つが、「節税になる」ことです。サラリーマンや自営業者などの場合、確定拠出年金の掛け金は非課税であり、自分の課税収入を減らすことができます。

でも専業主婦の場合は、そもそも収入がないわけですから、掛け金を非課税にされても節税のメリットはありません。夫の税金から差し引かれる仕組みもないので、その時点でのメリットはまったくないのです。

だから主婦の場合は、確定拠出年金の最大のメリットを享受できていないといえるのです。

しかし主婦の確定拠出年金にまったくメリットがないわけではありません。

運用時の収益に税金がかかりませんし、受け取るときにも税金は非常に安くて済みます。

また先ほど述べたように、夫に完全に依存していた年金を、主婦が自分である程度コントロールできるようになるわけです。

昨今、専業主婦の方の中には、投資信託をしている人も多いようです。

老後の資金として投資信託をしているような人は、その分を確定拠出年金に回したほうが得となります。

ただし確定拠出年金の場合は、通常の投資信託と違って60歳に

**主婦の場合**

| | |
|---|---|
| 加入条件 | ・満20歳以上60歳未満<br>・国民年金第三号被保険者 |
| 拠出限度額 | 月2万3000円、年間27万6000円まで |

なるまで引き出すことはできませんので、その点のデメリットはあります。

専業主婦が確定拠出年金に加入したいと思った場合、手続きは、銀行、証券会社などの金融機関に頼むことになります。数か所の金融機関を回って自分に合うところを選ぶのがいいでしょう。

## サラリーマンこそ確定拠出年金を使い倒せ！

前述したように、2017年の改正によりサラリーマンの大半が確定拠出年金に加入できるようになりました。

そしてサラリーマンの場合は、基本的に確定拠出年金に入ることで得をします。サラリーマンは、これまで散々増税のターゲットにされてきました。現在、もっとも税制的に割をくっているのは、普通のサラリーマンだといえます。

だからサラリーマンこそが確定拠出年金の検討をしっかり行い、十二分にその恩恵を享受すべきなのです。

しかしサラリーマンは、勤務先の状況によって確定拠出年金の条件が変わってきます。

前述のように公務員の場合は、掛け金の限度額が月1万2000円となっていますが、公務員以外のサラリーマンは、会社の年金制度によって掛け金の限度額が変わってきます。

平たく言えば、「会社が企業年金を持っているかどうか」「会社が確定拠出年金に入っているかどうか」で違ってくるのです。

だからサラリーマンがまずしなければならないのは、会社に「企業年金を持っているかどうか」「確定拠出年金に入っているかどうか」を確認することです。

会社の年金加入状況によって、次

公務員以外のサラリーマンの
確定拠出年金（iDeco）の上限額

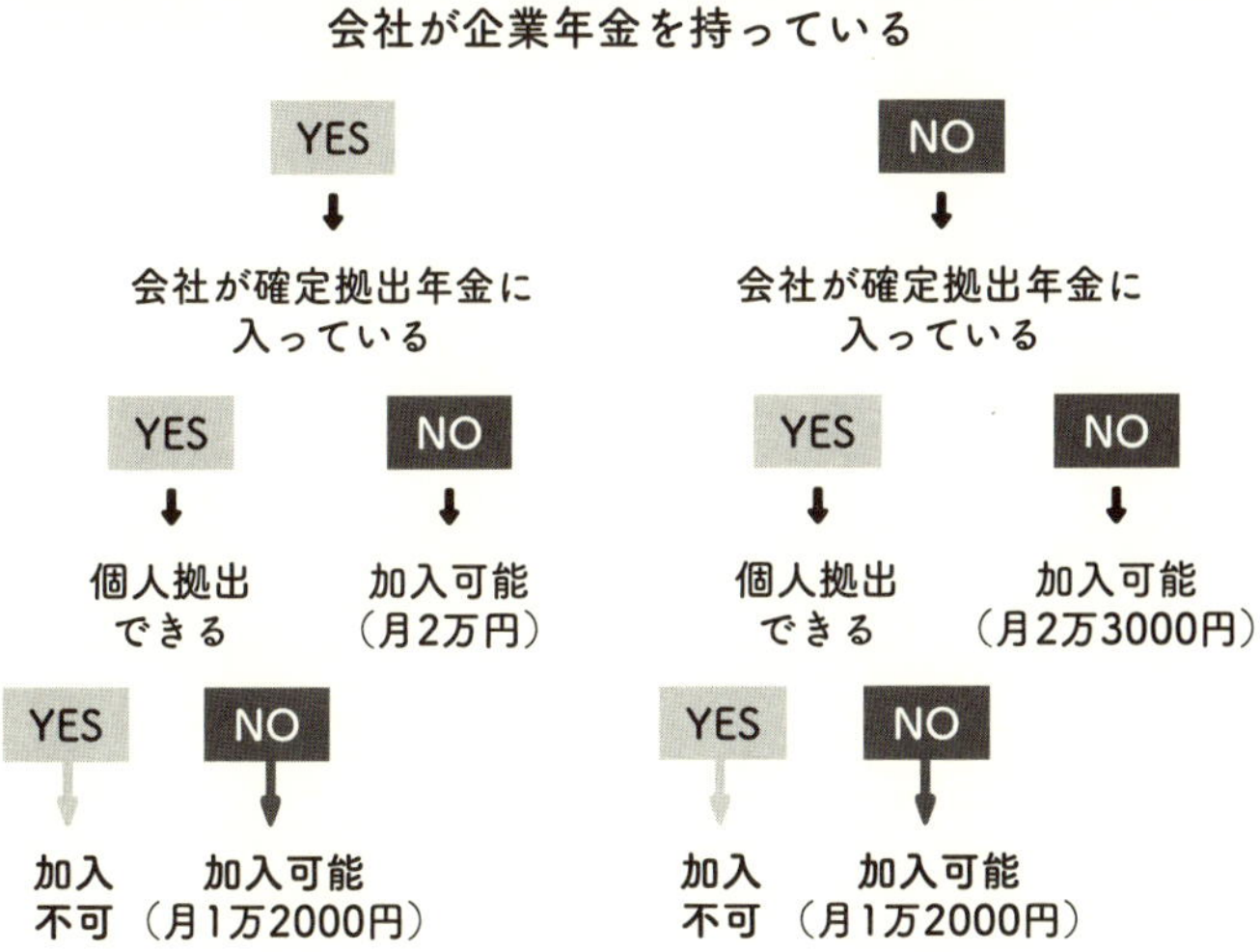

のフローチャートのようになります。

## iDecoで純金を購入する裏ワザ

この大きな税制上の優遇があるiDecoですが、今一つ気が乗らないという人も多いと思われます。

iDecoは、年金という名はついていても実質的には自分の財産を自分で運用しなければなりません。この運用が心配という方も多いようです。

運用といっても、実際には投資と変わりません。株が下がれば、自分の年金積立金が減ってしまうことになりかねません。

iDecoには定期預金など元本保証型の金融商品などもあります。手数料や、手続きや管理のわずらわしさを考えれば、iDecoに加入するよりは、貯金しておいたほうが楽だと思う人もいるでしょう。

そういう人のために、ちょっとした裏ワザがあります。

実はiDecoの中には、純金を投資対象とした金融商品があります。この純金投資商品の価格は、当然のことながら金の価格と連動します。

つまりは、間接的に純金を保有しているのと同じようなメリットを享受できるのです。

以前ご紹介した純金を対象とした投資信託と同じようなものです。

もちろん、この純金投資商品は株価が下落しても、純金相場が下落しなければ、価格が下がることはありません。

むしろ株価が下がっているときに純金は上がることがあるので、そういうときに純金投資商品の価格も上がります。

純金を保有して将来のリスクヘッジをしたいと思っている人にとっては、このiDecoの純金投資商品は、普通に掛け金で購入することができて、純金保有のメリットを享受することができるのです。

資産管理手段の一つとして覚えておいて損はないと思われます。

## 公的年金の支給額を増やす超簡単な方法

老後の生活において、公的年金は大きな比重を占めます。

この公的年金の支給額を簡単に増やす方法があります。

年金は、もらい方によって毎月もらえる金額やトータルでもらえる金額が違ってきます。年金のもらい方次第で、あなたの老後の生活が左右するといっても過言ではないのです。

しかし年金という制度は、ややこしいものです。

国会やなんかでもいろいろ問題になっているように、年金制度は複雑怪奇になっており、それが国民の不安を必要以上にあおることにもなっていると思われます。

年金のもらい方を考えるとき、まず大事なことは、年金はなるべく遅くもらったほうがいいということです。

年金は、通常65歳からもらえることになっていますが、繰り下げ支給や繰り上げ支給というものもあるのです。

繰り上げ支給は、毎月の年金の額を減らす代わりに、本来は65歳以上にならないともらえない年金の支給時期を早めるというものです。

繰り下げ支給は、年金の支給開始時期を遅らせる代わりに、毎月の年金の額を上乗せするというものです。65歳より後でもらうようにしていれば、年金額が加算されるのです。

基礎年金の加算額は以下の表の通りです。70歳での支給にすれば、なんと42%も増額されるのです。現在の基礎年金の支給額が満額で78万円なので、これに30万円以上の加算がされるわけです。厚生年金も基本的には同じ加算率ですが、諸条件によって繰り下げ支給ができない場合もあるので、詳細は社会保険事務所等で重々確認してください。

逆に65歳より早く支給を受ける「繰り上げ支給」にしてしまえば、最大（60歳からの支給）で30%もの減額支給になります。

つまり60歳で支給を開始した場合と、70歳で支給を開始した場合では、70%以上も違ってくるのです。ほぼ倍です。しかも、これが一生続くのです。

定年退職した後、収入がない人は、繰り上げ支給を使うケースも多いようです。また「自分はどうせ

## 基礎年金の加算額

| 請求時の年齢 | 増額率 |
|---|---|
| 66歳0か月～66歳11か月 | 8.4%～16.1% |
| 67歳0か月～67歳11か月 | 16.8%～24.5% |
| 68歳0か月～68歳11か月 | 25.2%～32.9% |
| 69歳0か月～69歳11か月 | 33.6%～41.3% |
| 70歳0か月～ | 42.0% |

長生きできないから年金を早めにもらいたい」と、繰り上げ支給を選ぶ方もいるようです。

繰り下げ支給をした場合、トータルの年金支給額が増えるとは限りません。繰り下げ支給にすれば、年金をもらえる期間は短くなるからです。早めにもらって長い間もらったほうがトータルでは多くなる可能性も高いのです。

だから、どちらがいいかは考え方によります。

繰り下げ支給にしたほうが月々の支給額が多いし、それを一生もらえるという安心感があります。しかし繰り上げ支給や通常支給のほうが、トータルでもらえる額は多くなる可能性が高いのです。

そして繰り上げ支給の場合は、早く死ねば損になるけれど長く生きれば生きるほど得になります。つまり、自分が長生きした場合の保障が手厚いということです。それは「自分は長生きしても大丈夫」という安心感にもつながります。

筆者は、お金に余裕があるのであれば、繰り下げ支給にしたいと思っています。やっぱ、早死にして損をすることになっても長生きしたときに苦しくなるのは嫌ですからね。

## 年金は遅くもらうと税金面でも有利

しかも年金は遅くもらうほど、税金面でも有利になります。

年金にも税金がかかってきます。

税金によって年金の額が大きく減ってくるケースもままあるのです。

年金に関する税金で、まずポイントになるのは、65歳未満と65歳以上では税金の額が大きく変わってくることです。

65歳未満の人が公的年金を60万円以上もらえば、税金がかかるようになります。まあ基礎控除や社会保険料控除があるので、60万円を超えればすぐに税金がかかるものではありません。実際には、だいたい130~150万円くらい公的年金をもらっている人に税金がかかってくるようになります。

でも65歳以上であれば、公的年金は110万円以上にならないとかかってこないのです。基礎控除や社会保険料控除を考慮すれば、180万円~200万円くらい公的年金をもらっている場合でないと、税金はかかってこないのです。

たとえば60歳で、公的年金を200万円もらっている一人暮らしの人がいるとします。社会保険料を30万円くらい払っているとして、税金は住民税と合わせて7万円近くも取られてしまいます。

しかし、この人が65歳で、まったく同じ額の年金をもらっていた場合、税金は2万円足らずしかかかってこないのです。

その差は5万円もあります。200万円の収入のうち5万円も税金が違うのは、けっこう大きいはずです。

どうしても生活資金が足りず、年金の繰り上げ支給を受けたいという人も、なるべく支給額を少なくしておくことです。繰り上げ支給には、もらえる年金を全部繰り上げる方法と、一部だけを繰り上げる方法が選択できるようになっているのです。だからもらえる額をうまく調整して、税金がかからないようにしたいものです。

# 第6章

# 生命保険、損害保険を使った財テク

## 生命保険は無駄な費用か？

昨今、生命保険、医療保険に対する風当たりが強くなっています。

生命保険や医療保険は、現役世代では平均で月1～2万円程度支出していると見られます。年金世代でも月1万円程度の支出をしていることが多いようです。月1～2万円の支出って、けっこう大きいですよね？

だから無駄な支出を削ろうと思うとき、まず生命保険や医療保険を削ろうという話になることが多いようです。

特に高齢者世帯では、生命保険、医療保険の負担は大きいので、これを削ろうと検討している人は多いようです。しかし筆者としては、生命保険、医療保険の削減はもっと慎重に考えるべきだと思っております。

というのも生命保険、医療保険は、高齢になるほど利用する機会が多くなるので、下手に削減してしまうと、「今から必要になるときに保険をはずしてしまっていた」ということになりかねないからです。

もちろん無駄な保険料をいつまでも払い続けるのは、得策ではありません。生命保険、医療保険は、保険のセールスの人に言われて、よくわからないまま加入している人もけっこういます。そういう保険の中には、あまり必要でない特約がつけられていることもあったようです。

自分の保険の内容をしっかり把握し、無駄を削るのは大事なことだと筆者も思いますが、最近はこの生命保険削減論がかなりエスカレートしてきています。

「生命保険や医療保険に入る必要はない」
「生命保険や医療保険は極力削減したほうがいい」

という主張もよく見かけます。

その主張の根拠は、以下のようなものです。

・医療費は健康保険でかなりカバーできるので、実際に自分が負担するお金はそれほど多くはない。
・ほとんどの人は保険の掛け金のほうが、受け取る保険金よりも高くなる。

この主張は間違いではありません。

日本の健康保険は、医療費のかなりの部分をカバーしており、社会保険診療ならばどんなに高くても自己負担額は3割です。

また日本の健康保険には「高額医療費制度」というものがあります。重い病気やけがで高額の医療費がかかった場合は、「一定の上限」を上回った場合の超過分は健康保険から賄うことになっています。「一定の上限」とは収入によって決まっており、収入が低い人では月8000円以上、年収1160万円以上の高収入者でも月約30万円を上回れば、その超過分は健康保険から支払われることになっています。

またサラリーマンが加入している「健康保険」では、病気やケガで仕事ができなくなったときに収入の3分の2を補償する「傷病手当金」という制度があります。これは最長1年6か月もらうことができます。

これらの制度を見たとき、確かに病気やケガのときの負担はそれほど大きくはないといえます。

また生命保険や医療保険では「ほとんどの人が受け取る保険金よりも掛け金のほうが大きくなる」のも事実です。明確なデータは公表されていませんが、保険の加入者が受け取る保険金は、平均して掛け金の7割程度と見られています。

極端な主張では、「生命保険や医療保険には入らずにその分を貯金しておいたほうがいい」というものまであります。しかも、そういう主張の書籍がけっこう広く読まれていたりするのです。

## 生命保険不要論の落とし穴

これらの「保険不要論」には、実は大きな落とし穴があります。

確かに健康保険などの社会保険によって、病気やケガなどの医療費はかなりカバーできます。ちょっとした病気やちょっとしたケガならば、社会保険だけで十分に賄えるといえるでしょう。また入院が数か月に及んだり、1年程度仕事ができなくなった場合でも、まあどうにか社会保険で賄えると思われます。

が、もし、それ以上の重い病気やケガになったとき、社会保険だけで賄えるでしょうか？ 闘病生活が何年にも及んだ場合、社会保険で収入の補償をしてくれるのは1年6か月なので、もし会社をクビになればたちまち収入がなくなることになります。

また闘病生活は長引かなくても、身体に障害を負った場合は、どうでしょう？ 障害の度合いによっては仕事を続けられなかったり、続けたとしても大幅な収入減は覚悟しておかなくてはなりません。

もちろん、そうなる確率は高くはありません。しかし、いざそうなった場合、生涯に及ぶ大ダメージを受けるわけです。

本来、保険とは、そういうものに備えるためにあるものです。

保険は貯金とは違うのです。「掛けた金額が戻ってこない確率が高いから掛けないほうがいい」というのは、保険の意義を取り違えています。保険は、「そうなる確率は低いけれどもしそうなった場合、とんでもなく打撃を受ける」ことに備えるものなのです。

また生命保険、医療保険には、「効果的な蓄財」という要素もあるのです。

## 生活保護を受ける理由の第1位は「傷病」

前項では、生命保険をむやみに削ってはならないことを述べましたが、今回それについてもう少し掘り下げたいと思います。

実は筆者の友人に、病気で全盲になった人がいます。

30代まで普通に大学を卒業し、そこそこ名の知れた企業で働いていましたが、急に眼に異常が出て、あれよあれよという間に見えなくなったのです。彼は、幸いなことに1億円の高度障害の保険をかけていました。だから1億円の保険金を受け取ったのです。

全盲になれば障害年金が出ますが、年間100万円程度であり、厚生年金と合わせても月10万円ちょっとです。全盲なので働くことは非常に難しく、この1億円の保険金は、彼にとってまさに命綱になったのです。

また筆者は、生活保護の取材をしたことがあります。

生活保護を受けている人というのは、自分や家族の病気で生活が破綻したケースが非常に多いのです。生活保護を受けることになった要因として、「傷病」は長年断トツの1位でした。昨今では、高齢者が増えたため「年金不足」が1位となっていますが、本来の意味での「生活保護」であれば、傷病が一番の原因になるのです。

このことを見ても病気やケガが人の生活を壊す最大の要因であり、「健康保険だけで賄える」わけでは決してないのです。

## 「火事は起こらないから」と火災保険に入らない人はいない

これを火災保険に置き換えれば、わかりやすいと思われます。

住宅を持っている人はほとんど火災保険に入っていますが、人が火事にあう確率は非常に低いのです。なのに、なぜほとんどの人が火災保険に入っているかというと、確率は低いけれど火事となれば人生に大きなダメージをもたらすものだからです。

内閣府の2015年の推計によると、全国の建物の約82%が火災保険に加入しているそうです。

建物の火事は、ぼやも含めて年間1万件くらいしかありません。だから日本人が一生のうちに自分の家で火事を経験する確率は1%以下です。

それに比べれば、病気やケガで障害を負う確率のほうが断然高いのです。

日本には身体障害者（知的障害、精神障害を除く）は約400万人います。そしてその80%以上が先天性の障害ではなく、病気や事故によって障害者になったのです。つまり300万人以上の人たちが、病気や事故などで障害者になっているわけです。ざっくり計算すると、日本人が一生のうちに病気や事故などで障害者になる確率は3～5％あるわけです。つまり、火事にあう確率よりも障害者になる確率のほうが何倍も高いのです。

ということは、家を買って火災保険に入るのであれば、当然、それと同じ理由で自分が病気や事故で障害者になったときの保険に入るべきなのです。

筆者は、無駄な保険に入れなどと言っているわけではありません。よく検討もせずに保険のセールスマンの言う通りに多額の保険に入るなどとバカげていることです。

もう定年を過ぎて子供も独立し年金をもらっている人は、そう多額の死亡保険をかける必要はないでしょう。また医療保険の中には、人間ドックの費用なども負担するやたらと手厚いものもあります。そういうのは、自分の状況に応じて削って構わないでしょう。ですが、「万が一の場合にきっちり備える」ことは、絶対に必要だと思われます。

少なくとも入院1日につき5000円以上もらえるような医療保険に加入しておきたいものです。そして現役世代の場合は、死亡や高度障害になったときに数千万円以上もらえる保険は必要だと思われます。

## 歳をとってから医療保険を削るのは損

前項では重病や大ケガをしたときにカバーするための保険は加入しておくべきと述べましたが、がん保険、成人病特約、先進医療特約など昨今、さかんに喧伝されている保険について入るべきか悩んでいる人も多いと思われます。

入院時の保証、死亡、高度障害の保証を確保しておけば、もうそれほど要らないという考え方もあります。また、これらの保険も平均すれば受け取る保険金よりも、掛け金のほうが高くなるので、その分を貯金しておいたほうがいいと主張する評論家などもいます。

注意しておかなくてはならないのは、がんや成人病になったとき、意外とお金はかかるものです。

治療費だけじゃなく家族のお見舞いなどでも、かなりお金がかかります。病気のときはなるべく美味しい物を食べたいし、何かと費用が生じるものです。

また社会保険が適用されないような治療方法を試してみようという話が出ることもあります。そういうときに、お金がなくて受けられないということも多々あります。

それらを考慮したとき、なるべくならばあったほうがいいという結論になります。

また歳をとってからこれまで掛けていた医療保険を削るのは損になることが多いのです。というのも医療保険を使う頻度は、高齢になればなるほど増えていきます。医療保険は、若いころはあまり役に立たなくても高齢になってからこそ力を発揮するのです。つまり、若いころから払ってきた医療保険は高齢者になったときのためでもあるのです。

今まであまり病院に行かなかったという人も多いかもしれませんが、高齢になればなるほど医療費が大きくなる可能性は高くなるのです。

今まで自分の掛けてきた生命保険、医療保険が妥当なものかどうかを判断するために、一番いいのはいくつか保険の代理店の話を聞いてみることです。昨今では、いくつもの保険会社の商品を取り扱っている代理店もありますので、比較的、適切な助言をしてくれます。それでも民間企業には変わりはなく、真に中立な機関ではないので、必ず複数の店の話を聞くようにしましょう。

## 「生命保険は掛け捨てがいい」という誤解

昨今、生命保険は大きく誤解されており生命保険を簡単に削ることは得策ではないということをご説明しました。

生命保険については、もう一つ大きな誤解がされています。それは「生命保険は掛け捨てがいい」という誤解です。

なぜ生命保険は掛け捨てがいいという噂が広まっているかというと、その理論は次のようなものです。

「生命保険には貯蓄性のある保険と、貯蓄性のない掛け捨て保険がある」

「貯蓄性がある生命保険は、利率が非常に低いので、まったく意味をなさない、それより掛け捨ての生命保険に入って、保険料を安く抑えるほうがいい」

というわけです。

しかし、これはすべての人に当てはまることではありません。というより大半の人にとって、これは当てはまりません。

なぜなら、この理論には、「税金」という観点がまったく抜け落ちているからです。

現在の税制には、「生命保険料控除」というものがあります。有名な控除なので聞いたことがある人も多いでしょう。生命保険料控除とは、生命保険に加入しているなら、一定の所得金額を控除できるというものです。

ほとんどの方は何らかの生命保険に加入しているので、この控除を受けているはずです。秋口に保険会社から生命保険料控除の証明書が送られてきます。サラリーマンの場合、会社にそれを提出すると、生命保険料控除が受けられます。会社から言われて10月ごろ、生命保険料控除の書類を提出した人も多いはずです。サラリーマンではない人は、確定申告で生命保険料控除を受けることになります。

この生命保険料控除で安くなる税金分を考慮すれば、「掛け捨ての生命保険は決して有利ではない」のです。

生命保険に加入することによって得られる節税額を考えれば、貯蓄型の生命保険も決して悪いとはいえないのです。

## 生命保険料控除とは？

生命保険料控除の計算方法は、次の表のようになります。

たとえば、年間8万円以上の生命保険に加入していれば、所得税の場合4万円の所得控除が受けられます。

また住民税の場合は、2万8000円の所得控除が受けられます。

サラリーマンの平均的な税率は所得税率10%です。

この所得税の税率が10%の人の場合は所得税、住民税合わせて、6800円の節税になるのです。

年間8万円の保険に入って6800円節税できるなら、けっこう大きいはずです。

貯蓄性の生命保険に加入して、この6800円を利息と考えれば、金融商品としてかなりいいものといえます。8万円支払って6800円の利息がつくのと同じですからね。なんと8%以上の利率になるのです。

また少し年収が多い所得税率20%の人は、1万8000円の節税になります。1万800

円のお金が浮くのは、けっこう大きいはずです。

ただし生命保険料控除は、掛け金が年間8万円のとき控除額は最高の4万円となります。掛け金をそれ以上増やしても、控除額は4万円が限度です。なので生命保険の掛け金は年間8万円にするのが、もっとも節税効率が高いといえます。年間8万円ぴったりの生命保険などはないと思われますが、だいたい8万円になるように狙っていけば、最大の利益が得られるわけです。

掛け捨ての生命保険ならば、年間8万円にはなりませんので、この恩恵は受けられません。だから生命保険に加入する場合は、生命保険そのものの有利不利だけではなく、節税額も含めたところで選ばなくてはならないのです。


**所得税の生命保険料控除の計算方法（個人年金、介護年金も同じ）**

| 年間の支払保険料の合計 | 控除額 |
| --- | --- |
| 2万円以下 | 支払金額全部 |
| 2万円を超え4万円以下 | 支払金額÷2＋1万円 |
| 4万円を超え8万円以下 | 支払金額÷4＋2万円 |
| 8万円超 | 4万円 |

## 生命保険を使った財テクの裏ワザ

ここまで「生命保険は掛け捨てがいいという巷の噂はウソである」と述べました。

ここではその話からもう一歩進めて、「生命保険を使った財テク」をご紹介したいと思います。

前述したように、生命保険には「貯蓄性のある保険」があります。

この保険は、死亡したときなどのための保険部分と、毎月定額を積み立てる積み立て部分で構成されているのです。

ところで生命保険に加入している人は「生命保険料控除」を受けることができます。

この生命保険料控除の対象となる生命保険というのは、「死亡したときの保険部分が少しでも入っている」のが条件となっています。

逆に言えば、生命保険のうちほとんどは積み立て部分で、「死亡したときの保険部分」はほんのちょっとしか入っていなくても生命保険料控除を受けることができるのです。

たとえば毎月1万円の掛け金のうち、「死亡したときの保険部分」は数百円で、残りの

9千数百円は積み立てであっても生命保険料控除を受けることができるのです。
実際にそういう生命保険はいくらでもあります。

そして生命保険料控除は、年間8万円以上の生命保険に加入していれば、所得税の場合は4万円の所得控除が受けられます。また住民税の場合は、2万8000円の所得控除が受けられます。

平均的なサラリーマンの場合、年間8万円の生命保険に加入していれば、所得税、住民税合わせて7000円～1万数千円程度の節税になるのです。つまり年間8万円の保険に入っていれば7000円も節税できるのです。

年間8万円の保険料のうち大半が積み立て部分であっても、です。

8万円のうち7万5000円が積み立て部分であっても、7000円の節税になるのです。つまりは、8万円の保険料を払って8万2000円積み立てるのと同じことになるのです。

ただし前述したように生命保険料控除は、掛け金が年間8万円のときの控除額は最高の4万円となります。掛け金をそれ以上増やしても、控除額は4万円が限度です。

## 生命保険、個人年金、介護保険の「トリプル所得控除」

これまで「生命保険は所得控除分を考慮すれば決して掛け捨てが有利ではない」ということをご紹介してきました。

生命保険に限らず、民間の保険に加入した場合、所得控除が受けられるケースがいくつかあります。が、この保険の所得控除はあまり知られておらず、控除が受けられるのに受けていない人もけっこう多いのです。

なので、ここでは民間の保険に入った場合の所得控除についてご説明したいと思います。

所得控除になる保険にはいくつか種類があり、もし複数の保険に入っている場合は、所得控除をダブル、トリプルで受けられるケースがあるのです。それを知らずに、所得控除をシングルでしか受けていない人がけっこう多いのです。

具体的に説明しましょう。

生命保険の所得控除の対象になる保険は、通常の生命保険のほかに個人年金保険、民間介護保険です。そして、それぞれ別個に所得控除を受けることができます。

だから普通の生命保険と、個人年金保険、民間介護保険に入っている人は、所得控除が三つ分受けられるのです。

ざっくり言うと、三つの保険に加入していれば、生命保険料控除3回分の税金還付が受けられるのです。平均的な給料の人で所得税が1万円から2万円、住民税が5000円から7000円戻ってきます。けっこう大きいでしょう？

個人年金とは、公的年金ではなく、保険会社に個人で加入する年金のことです。毎月、一定額を積み立てておけば、老人になったとき（60歳以上など保険によって支給年齢は違います）に一定額をもらえるのです。また終身年金のタイプなどもあります。これは、死ぬまで一定の年金がもらえるという商品です。介護保険とは、要介護の状態になったときなどに受けられる保険です。

生命保険と介護保険は微妙に重なっている部分があり、生命保険に入っているつもりでも区分上は介護保険になっていたりもします。なので自分の入っている保険が税務上のどの区分になるのかわからない場合は、保険会社に確認してみましょう。

保険のセールスの人に勧められて、複数の保険に入っている人もけっこう多いはずです。そういう人はダブル、トリプルで所得控除が受けられないか、ぜひ保険会社に確認してください。

「今の保険は、どの所得控除に該当しますか？」と聞いてください。保険会社の人は、「普通の生命保険です」「個人年金保険です」「民間介護保険です」と回答するはずです。ただ稀に複数の保険に入っていても、すべて「普通の生命保険」に入っている人もいます。そういう場合は、シングル（一つ）の所得控除しか受けられません。

税金の控除を意識して生命保険、個人年金、介護保険それぞれに加入するというのもアリだと思われます。

生命保険、個人年金、介護保険は、いずれもいざというときや老後のためのセーフティーネットの役割を持っています。セーフティーネットを構築するとともに節税もできるということです。この仕組みはうまく使いたいものです。

## 個人年金に入って老後資金を増やそう

前項で触れた「個人年金」について、もう少し詳しくご説明します。

個人年金とは、毎月一定額を積み立てておけば、老人になったとき（60歳以上など保険によって支給年齢は違う）に一定額をもらえるものです。

この個人年金には、サラリーマンの方も、自営業の方も入ることができます。

そしてこの個人年金には、終身年金のタイプなどもあります。これは死ぬまで一定の年金がもらえる商品です。これに入っておけば、一定年齢（65歳など）以降に年金としてお金がもらえるのです。

この終身タイプの年金は、平均寿命よりも少し長生きすれば、元は取れるような設定になっています。だから長く生きれば生きるだけ得をする保険です。また5年保証、10年保証などが付けられた商品もあります。この場合、早く死亡しても、保証期間分の年金は遺族がもらえることになっています。

**個人年金、介護保険の所得控除の計算方法**

| 年間の支払保険料の合計 | 控除額 |
|---|---|
| 2万円以下 | 支払金額全部 |
| 2万円を超え４万円以下 | 支払金額÷2＋1万円 |
| 4万円を超え8万円以下 | 支払金額÷4＋2万円 |
| 8万円超 | 4万円 |

個人年金は、民間の保険会社に毎月一定額の掛け金を払い、保険会社はそれに一定の利息をつけて積み立ててくれるだけのものです。煎じ詰めれば、金融商品の一種ということになります。

そして、この個人年金には、「節税になる」という大きなメリットがあるのです。

前述したように個人年金保険は、生命保険と同様に年間8万円以上の保険料を払い込んでいれば、4万円の個人年金保険料控除が受けられるのです。また住民税は、年間5万6001円以上の保険料の払い込みをしていれば、2万8000円の個人年金保険料控除を受けられます。

つまり、年間掛け金が8万円以上の個人年金に加入していれば、所得税、住民税合わせて最高で6万8000円の所得控除を受けられるのです。

平均的サラリーマンの場合、この所得控除により、だいたい1万円～2万円の節税になります。年間8万円の個人年金に加入して1万円～2万円の節税になるというのは、けっこう大きいはずです。

普通に貯蓄するよりは、よほど有利な金融商品だといえます。

公的年金をすべて掛け尽くしているという人は普通に貯蓄する前に、この「個人年金」

に加入したほうがいいでしょう。

個人年金の所得控除を受けるには、「個人年金保険料税制適格特約」のついた個人年金に加入しなければなりません。が、「個人年金保険料税制適格特約」は、そうややこしいものではなく、普通の個人年金にはだいたいついているものです。

念のため加入するときには、「個人年金保険料税制適格特約」が付加されているかどうかを確認しておきましょう。

## 生命保険と介護保険は分けたほうがいい

生命保険には、だいたいほとんどの人が入っているでしょうが、その多くは医療保険とセットになっています。

医療保険とは、病気やけがをしたときの入院費用や手術費用を賄うための保険です。この医療保険がセットになっている生命保険は、税務上の区分けとしては「介護保険」になっていることもあります。

介護保険の場合は、生命保険とは別建てで所得控除を受けることができるので「生命保険料控除」をまったく使っていないケースが多いのです。

介護保険の所得控除の額は、生命保険と同じです。

そういう保険に入っている人は、医療保険とセットになっている生命保険のうち「生命保険部分」だけを取り除いて新たに積み立て型の生命保険に入るのです。

そうすれば、介護保険と生命保険のダブルで所得控除を受けることができるのです。

なんだか少しわかりにくい話になってしまいましたが、とにかく、

「生命保険はその大半が積み立て部分であっても、生命保険部分が少しでも含まれていれば生命保険料控除を受けられる」

「医療保険と生命保険は分けて加入すれば所得控除をダブルで受けられる」

ということを覚えておいてください。

## 地震保険料控除

あまり知られていませんが、地震保険も「所得控除」があります。

地震保険とは、地震、噴火、津波を原因とする火災、損壊のための損害保険に加入して

いる場合に受けられる保険です。日本は災害が多いので、昨今ではこの地震保険に加入している人はかなり多いはずです。が、この地震保険に税金の控除制度があることは、あまり知られていないのです。

地震保険の所得控除の限度額は、所得税が5万円、住民税が2万5000円です。限度額の範囲であれば全額が所得控除され、限度額を超えた場合は限度額が所得控除額となります。

ざっくり言えば、平均的な給料の人の場合、所得税が5000円から1万円、住民税が2500円くらい戻ってくるのです。

これだけ聞くと、還付額は少ないように感じます。でも紙切れを2、3枚出すだけで、数千円から1万円以上のお金がもらえるのです。1、2回遊びに行ったり、飲みにいったりできる金額じゃないですか？

地震保険には、所得控除の対象となるものと対象とならないものがあります。

**地震保険の所得控除額**

| 保険料の額 | 所得控除の額 |
|---|---|
| 5万円以内 | 保険料全額 |
| 5万円超 | 5万円 |

それは保険会社に問い合わせてみてください。保険会社からの通知にも記載されているはずですが、よくわからなければ聞いてみることです。

そして所得控除の対象となると言われれば、保険会社から所得控除の証明書を取り寄せてください。この証明書は、通常は年末に保険会社から送られてきます。もしなくしてしまっていたら、保険会社に再発行してもらってください。この「所得控除の証明書」に記載された控除額を、確定申告で控除してもらえばいいのです。

# おわりに

昨今、日本人の経済生活はますます厳しくなっています。

20年前と比べると、収入はほとんど上がっていないにもかかわらず、税金、社会保険料などはべらぼうに上がっています。しかも物価も相当に上がっています。

20年前と比べれば、日本人の豊かさは半分くらいに減ってしまったのではないでしょうか？

さらに日本は今後、ますます少子高齢化が進み、社会が疲弊していくことが予想されています。

この最大の要因は、政治の無策のせいです。

日本が少子高齢化になることは半世紀前からわかっていたのに、国はまったく対策をとってきませんでした。待機児童問題は20年以上も解決されず、公立大学の入学金は10倍以上に跳ね上がるなど、むしろ「政治が少子化を促進させてきた」とさえいえるのです。

これらの悪政はもちろん政治家のせいです。が、煎じ詰めれば国民のせいでもあります。

日本の国民は、指導者層を信じ切っている部分があります。政治家の悪口は言うけれど、根の部分では「きっとどうにかしてくれるはず」と思い込み、自分では何のアクションも起こしません。ここまで社会が疲弊しているのに、国政選挙の投票率は下がり続け、現在は6割を切っています。そのため政治家は国民全体に奉仕するよりも、自分を支持してくれる企業や団体に寄与する政治を行ってきたのです。

では国民はどうするべきでしょうか？

自分の生活は自分で守るという気持ちを持つことです。

将来のお金のこと、税金、社会保険料のことも、自分たちで決めるんだという気持ちを持ち、情報を集める、政治家の動向にも目を光らせ、自分たちに役に立つことをさせる、そうすることで自分の生活も豊かになるし、社会も活性化するのです。

その一助として、本書が利用されることを筆者としては切に願っております。

最後に、ビジネス社の唐津隆氏をはじめ、本書の制作に尽力いただいた皆様にこの場をお借りして御礼を申し上げます。

２０２４年12月

著者

【著者略歴】
大村大次郎(おおむら・おおじろう)
大阪府出身。元国税調査官。国税局で10年間、主に法人税担当調査官として勤務し、退職後、経営コンサルタント、フリーライターとなる。執筆、ラジオ出演、フジテレビ「マルサ!!」の監修など幅広く活躍中。主な著書に『なぜ有名人が次々と死んでいるのか?』『財務省に学ぶ情報弱者から金を騙しとる方法』『亡国の脱税』『なぜ副業すると税金還付になるのか?』『2024年法改正対応版　相続税を払う奴はバカ!』『金持ちに学ぶ税金の逃れ方』『18歳からのお金の教科書』（以上、ビジネス社）、『世界で第何位?　日本の絶望ランキング集』『あらゆる領収書は経費で落とせる』（以上、中公新書ラクレ)、『会社の税金元国税調査官のウラ技』(技術評論社)、『おひとりさまの老後対策』(小学館新書)、『税務署・税理士は教えてくれない「相続税」超基本』(KADOKAWA)など多数。

税務署員がやっている"ズルい"貯蓄術

2025年2月14日　第1刷発行

著　者　大村　大次郎
発行者　唐津　隆
発行所　株式会社ビジネス社
〒162-0805　東京都新宿区矢来町114番地 神楽坂高橋ビル5F
電話　03(5227)1602　　FAX　03(5227)1603
URL　https://www.business-sha.co.jp

〈カバーデザイン〉中村聡
〈本文DTP〉茂呂田剛（エムアンドケイ）
〈印刷・製本〉株式会社広済堂ネクスト
〈編集担当〉本田朋子　〈営業担当〉山口健志


ISBN978-4-8284-2696-9

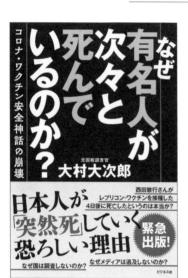